BANCOS DE DADOS ORIENTADOS A OBJETOS

EUGÊNIO A. NASSU
VALDEMAR W. SETZER
Departamento de Ciência da Computação
Instituto de Matemática e Estatística
Universidade de São Paulo

BANCOS DE DADOS ORIENTADOS A OBJETOS

EDITORA EDGARD BLÜCHER LTDA.

Banco de dados orientados a objetos
© 1999 Eugênio A. Nassu
          Valdemar W. Setzer
4ª reimpressão – 2012
Editora Edgard Blücher Ltda.

Blucher

Rua Pedroso Alvarenga, 1245, 4º andar
04531-012 – São Paulo – SP – Brasil
Tel 55 11 3078-5366
editora@blucher.com.br
www.blucher.com.br

É proibida a reprodução total ou parcial por quaisquer
meios, sem autorização escrita da Editora.

Todos os direitos reservados pela Editora
Edgard Blücher Ltda.

FICHA CATALOGRÁFICA

Nassu, Eugênio A.
    Bancos de dados orientados a objetos /
Eugênio A. Nassu, Valdemar W. Setzer. – São Paulo:
Blucher, 1999.

    Bibliografia.
    ISBN 978-85-212-0171-7

    1. Banco de dados 2. Banco de dados – Gerência
3. Banco de dados orientado a objetos I. Setzer,
Valdemar W. II. Título.

08-11539   CDD-005.74

Índices para catálogo sistemático:
1. Bancos de dados orientados a objetos: Gerenciamento:
Ciência da computação 005.74

Prefácio

Esta obra apresenta uma introdução à área de Bancos de Dados Orientados a Objetos (BDOO) de uma maneira unificada - através de uma visão conceitual tendo por base o Modelo de Entidades e Relacionamentos (MER). Ela apresenta uma introdução ao MER, seguida de uma introdução às noções de Orientação a Objetos. Com isso estabelece-se uma base para a introdução aos BDOO. São descritos vários sistemas de BDOO, e apresentada uma proposta original de um sistema generalizado englobando os conceitos do MER. Finalmente é apresentado brevemente um método original de análise orientada a objetos, também voltada para o MER.

Os autores esperam que este livro preencha uma lacuna na literatura técnica nacional na área de informática. Ele pode ser usado como texto parcial para cursos de graduação e pós-graduação em Ciência da Computação e de Análise de Sistemas, bem como por profissionais que desejam adquirir noções do MER, de Orientação a Objetos, de BDOO e de Análise Orientada a Objeto.

Conteúdo

1. Introdução	1
1.1 Referências	3
2. Conceitos de Bancos de Dados	5
2.1 Modelos Hierárquico e de Redes	5
2.2 O Modelo Relacional	5
2.3 O Modelo RM/T	7
2.4 O Modelo Relacional Não-Normalizado	8
2.5 O Modelo de Entidades e Relacionamentos	11
2.5.1 Entidades e atributos	11
2.5.2 Relacionamentos e multiplicidade de relacionamentos	12
2.5.3 Auto-relacionamentos, relacionamentos múltiplos	14
2.5.4 Agregações	15
2.5.5 Generalização/especialização	17
2.5.6 Relacionamentos exclusivos e inclusivos	19
2.5.7 O MER como modelo operacional	21
2.6 Exemplo	24
2.7 Referências	24
3. Orientação a Objetos (OO)	25
3.1 Conceitos principais da Orientação a Objetos	26
3.1.1 Herança	26
3.1.2 Polimorfismo e Sobrecarga de operadores	27
3.1.3 Encapsulamento	29
3.1.4 Mensagens	29
3.2 Componentes da Orientação a Objetos	30
3.2.1 Classes	30
3.2.2 Classes genéricas	31
3.2.3 Objetos	31
3.2.4 Identificador de Objeto (OID)	32
3.3 Referências	33
4. Bancos de Dados Orientados a Objetos	35
4.1 Persistência dos Objetos	36
4.2 Objetos complexos	37
4.3 Identificador de Objeto (OID)	37
4.4 Encapsulamento	37
4.5 Acesso aos Dados: Linguagens de programação e de consulta	38
4.6 "Completeza" computacional	38
4.7 Versões de objetos	39

4.8 Controle de transações … 39
4.9 Extensibilidade … 40
4.10 BDOO distribuídos … 40
4.11 Relacionamentos … 40
4.12 Conclusão … 40
4.13 Referências … 41

5. Exemplos de BDOO … 43
5.1 O_2 … 43
    5.1.1 Tipos de dados e declaração de métodos … 44
    5.1.2 Persistência e Manipulação de Dados: … 45
5.2 OBJECTSTORE … 46
    5.2.1 Declaração de dados e métodos … 47
    5.2.2 Persistência e manipulação de dados: … 48
5.3 ORION … 49
    5.3.1 Declaração de dados … 50
5.4 GemStone … 51
    5.4.1 Declaração de Dados … 51
    5.4.2 Manipulação de dados … 52
5.5 Postgres … 52
    5.5.1 Declaração de dados … 53
    5.5.2 Manipulação de dados … 54
    5.5.3 Regras no Postgres … 55
5.6 IRIS … 56
5.7 CACTIS … 57
    5.7.1 Modelo de dados do Cactis … 57
5.8 SIM … 60
5.9 JASMINE … 61
5.10 Poet … 64
5.11 AVANCE … 64
5.12 OZ+ … 64
5.13 Outros sistemas … 64
5.14 Referências … 65

6. Análise dos Exemplos de BDOO … 67
6.1 Relacionamentos … 68
6.2 Linguagens de Declaração/Manipulação de dados … 68
6.3 Falta de Padrão … 68
6.4 Violação do encapsulamento … 68
6.5 Falta de modelo formal … 68
6.6 Referências … 68

7. O BDOO Poet … 69
7.1 Persistência … 70
7.2 Consulta e Manipulação de Dados … 72
7.3 Outras características … 74

8. O modelo OER (Object Entity-Relationship) — 75

8.1 Mapeamento ER-OO — 75
8.2 Conceitos do OER — 76
8.3 Esquema de transformação OER – Poet — 76
    8.3.1 Atributos — 76
    8.3.2 Entidades — 77
    8.3.3 Relacionamentos — 80
    8.3.4 Relacionamentos múltiplos, inclusivos e exclusivos — 84
    8.3.5 Agregações — 87
    8.3.6 Subentidades — 89
    8.3.7 Subrelacionamentos — 90
    8.3.8 Subagregações — 90
8.4 Linguagem de consulta/manipulação de dados — 91
8.5 Comparação do OER com sistemas existentes — 99
8.6 Extensões do OER — 99
    8.6.1 Linguagem de consulta e sua implementação. — 99
    8.6.2 Definição e implementação da linguagem de programação — 100
    8.6.3 Outras questões da implementação — 100
8.7 Referências — 101

9. Apêndice 1: Análise Orientada a Entidade-Objeto — 103

9.1 Introdução — 103
9.2 AOO tradicional — 103
9.3 Fase I da AOE-O: análise macroscópica de dados — 104
9.4 Fase II - Segmentação do MERI — 104
9.5 Fase III - Definição de subsistemas e sua comunicação — 106
9.6 Fase IV - Definição e DFD dos módulos de cada subsistema — 109
9.7 Análise funcional dos módulos — 111
9.8 Implementação — 112

10. Apêndice 2: locais na Internet — 113

11. Referências Bibliográficas — 115

12. Índice — 121

Introdução

Os Bancos de Dados surgiram aproximadamente em meados dos anos 60, decorrentes da possibilidade dos computadores armazenarem e gerenciarem grandes quantidades de dados em meios de armazenamento permanente de acesso direto e eficiente a cada dado (em geral discos magnéticos) e da necessidade de estruturar esses dados e prover rotinas padronizadas de acesso a eles. Um *Sistema Gerenciador de Banco de Dados* (SGBD) é um programa, ou um conjunto de programas destinado a controlar todos os aspectos de um Banco de Dados, tais como a declaração de sua estrutura de dados, gravação e leitura dos dados, recuperação de falhas na comunicação ou no meio de gravação, controles de concorrência, de acesso e de segurança dos dados, entre outros.

Um *Modelo de Dados* é uma coleção de ferramentas conceituais utilizada para descrever a estrutura dos dados de um SGBD. Os primeiros modelos de dados utilizados foram o modelo *hierárquico* e o modelo de *redes*. Em 1970 Codd apresentou o *modelo relacional* (MR), que se impôs como padrão nos SGBD atuais. Todos esses modelos foram concebidos visando a sua utilização em ambientes comerciais onde, em geral, existe uma grande quantidade de registros de mesma estrutura (por exemplo, um cadastro de clientes de um grande banco).

O MR possui uma estrutura extremamente simples, uma das razões a que se pode atribuir o seu grande sucesso. Porém, suas limitações logo apareceram, e o próprio inventor do MR apresentou em 1979 uma extensão ao MR, denominado RM/T. Outras propostas de extensão ao MR foram feitas, de onde destacamos o Modelo Relacional *Não Normalizado* (MRNN), onde uma das principais restrições ao modelo original (a primeira forma normal de Codd) é retirada, aumentando sua complexidade, mas permitindo uma melhor modelagem dos dados. A grande maioria dos SGBD relacionais comerciais seguiu o modelo normalizado de Codd. Outro destaque desse período é o surgimento de alguns modelos conceituais, com o objetivo de facilitar a modelagem dos dados, em um nível mais elevado que no MR. Destacamos nessa categoria o modelo de entidades e relacionamentos (MER).

2   *INTRODUÇÃO*

O grande avanço da computação, a difusão das redes e a utilização do computador em áreas cada vez mais diversas mostraram necessidades novas, para as quais os bancos de dados baseados no MR se mostraram inadequados. Dentre os novos usos do computador, podemos citar o CAD/CAM (projeto/manufatura auxiliado por computador), o CASE (desenvolvimento de sistemas de computação auxiliado por computador), o GIS (sistemas de informação geográfica), o hipertexto, aplicações multimídia, aplicações em medicina, etc. Essas aplicações necessitam de representação de tipos complexos de dados, como listas ordenadas, conjuntos, dados multimídia, texto, som e imagens, entre outras, para os quais o MR não oferece uma base adequada. Essas aplicações, ao contrário do MR, que em geral serve para representar possui muitos dados de estrutura simples, manipulam dados com estrutura muito complexa e normalmente em menor número que no MR.

Durante os anos 80, visando aumentar a produtividade do desenvolvimento, facilitar a reutilização e a manutenção do software, a *programação orientada a objetos* se tornou popular, causando grande sensação na época, sendo considerada pelos mais entusiasmados como uma revolução na forma de se criar programas. Talvez para acompanhar a tendência do momento, mas certamente para tentar resolver os problemas de limitação de representação de dados do MR normalizado, foram propostos os Bancos de Dados Orientados a Objetos (BDOO). Desde então vários sistemas surgiram, entre sistemas comerciais, protótipos produzidos por grandes empresas e sistemas desenvolvidos em universidades.

O objetivo principal deste trabalho é de estudar os BDOO, e compará-los aos Bancos de Dados baseados em outros modelos, principalmente o MR. Procuraremos esclarecer as diferenças entre os BDOO e as linguagens de programação orientadas a objetos, além de definir quais conceitos de orientação a objetos aplicam-se ou não aos bancos de dados tradicionais.

No capítulo 2 apresentaremos os conceitos fundamentais de Bancos de Dados e seus modelos mais importantes, o Modelo Relacional, O RM/T, o Modelo Relacional Não-Normalizado e o Modelo de Entidades e Relacionamentos. No capítulo 3 mostraremos os conceitos principais da Programação Orientada a Objetos. No capítulo 4 apresentaremos os conceitos dos Bancos de Dados Orientados a Objetos. No capítulo 5 mostraremos alguns exemplos de sistemas de BDOO implementados, mostrando sua linguagem de definição e manipulação de dados. No capítulo 6 faremos uma análise dos sistemas apresentados. No capítulo 7 descrevemos o BDOO Poet, utilizado na nossa implementação. No capítulo 8 faremos uma proposta de um modelo de dados baseado no MER, como alternativa para a solução dos problemas de implementação dos modelos conceituais de dados. Como ele engloba atributos compostos e multivalorados, vemos que se trata da primeira proposta para um BDOO sobre um Modelo Relacional Não Normalizado. O uso do MER preserva as características semânticas dos relacionamentos, o que não é o caso nos BDOO existentes. No capítulo 9 (apêndice) introduzimos uma nova forma de análise Orientada a Objetos. Finalmente, no capítulo 10 (apêndice) apresentaremos também alguns locais na Internet onde podem ser encontradas mais informações sobre BDOO. Também conseguimos uma boa revisão bibliográfica sobre o assunto, com cerca de 100 artigos e livros encontrados.

1.1 — REFERÊNCIAS

Codd apresentou o MR em artigo em 1970 [COD 70]. Em 1979, o próprio Codd publicou trabalho descrevendo o RM/T, extensão ao MR [COD 79]. O Modelo de entidades e relacionamentos foi apresentado por Chen em 1976 [CHE 76]. Textos sobre programação orientada a objetos incluem os livros de Page-Jones [PAG 95], Takahashi [TAK 90] e a dissertação de mestrado de Silva [SIL 90]. Um dos artigos considerados como definição de BDOO foi escrito por Atkinson [ATK 89]; o artigo de Bertino & Martino apresenta conceitos de BDOO [BER 91], assim como o de Banchilhon [BAN 92a]. Podemos citar ainda os livros de Hughes [HUG 91], Kim [KIM 90a] e Khoshafian [KHO 93] como livros de conceitos de BDOO.

2

Conceitos de Banco de Dados

2.1 — MODELOS HIERÁRQUICO E DE REDES

Tanto nos Modelos Hierárquico e no de Redes os dados são representados por coleções de registros, que contêm os dados e ligações físicas, como contigüidade e uso de ponteiros, que representam as ligações entre os dados. No Modelo Hierárquico os registros são organizados como coleções de árvores, e não como grafos arbitrários, como são basicamente organizados no Modelo de Redes, isto é, as ligações entre registros são basicamente hierárquicas: cada registro pode estar ligado a vários "filhos", mas conecta-se a um único registro "pai". No Modelo de Redes, não há essa distinção. Como nem tudo é puramente hierárquico, todos os modelo hierárquicos permitem alguma representação de redes, como é o caso por exemplo do IMS (IBM). Como exemplos de SGBD baseados no modelo de redes podemos citar o Integrated Data Store (IDS) e o Associate PL/1 (APL).

Uma característica importante desses dois modelos é que ambos são principalmente "navegacionais". A partir de um registro qualquer, o usuário pode "navegar" através da implementação das ligações entre os registros. As ligações são armazenadas explicitamente nos registros, o que faz com que o usuário do banco de dados tenha uma visão que reflete a forma em que os registros estão organizados, armazenados e são localizados no meio físico. Dizemos então que tais sistemas não oferecem *independência física dos dados*. Além de obrigar o usuário a conhecer detalhes físicos do banco de dados, esse fato limita a extensibilidade, a manutenção e a portabilidade dos aplicativos desenvolvidos. Tornou-se necessário, então, um modelo que oferecesse maior independência física, e em 1970 Codd apresentou o Modelo Relacional, descrito a seguir.

2.2 — O MODELO RELACIONAL

O Modelo Relacional, logo que foi apresentado obteve grande aceitação e ainda hoje é utilizado na maioria dos principais SGBD atuais, seguindo suas idéias básicas.

Nesse modelo, os dados são armazenados em tabelas bidimensionais, denominadas

6 CONCEITOS DE BANCO DE DADOS

relações. Cada *linha* da tabela representa um elemento do conjunto de dados e cada *coluna* da tabela contém valores de um conjunto definido, denominado *domínio*. Uma linha da relação é chamada de *tupla*. Um exemplo de relação, representando uma lista de funcionários de uma empresa está na Figura 1.

Funcionários

Nome	RG	Departamento	Salário
José	1234	Finanças	1000
João	4321	Diretoria	2000
Maria	1111	Marketing	1500
Paula	2222	Secretaria	500

Figura 1: Exemplo de relação

Vamos definir formalmente uma relação. Uma relação é um conjunto R de tuplas ordenadas (*linhas*), tal que:

$$R \subseteq D_1 \times D_2 \times \dots \times D_m$$

Onde D_i são conjuntos chamados *domínios*, e m o *grau* da relação. Chamando de *coluna* C_i o domínio D_i, o *esquema* da relação R é descrito da seguinte forma:

$$R(\, C_1, C_2, \dots , C_m \,)$$

Vamos chamar cada elemento de uma tupla de *célula*. Cada célula, portanto, contém um elemento do domínio correspondente à sua coluna.

Outro conceito importante do MR é o conceito de *chave*. Uma chave é um conjunto de colunas da relação que determina univocamente cada tupla, sendo que nenhum subconjunto próprio de colunas possui essa propriedade. Tal conjunto sempre existe, pois sendo a relação um conjunto, implica que não existam elementos repetidos, ou seja, no máximo a chave poderia ser o conjunto inteiro de colunas. Uma relação pode ter várias chaves. Nos SGBD, geralmente, uma das chaves é escolhida como uma *chave primária*, o que faz com que a relação seja armazenada no meio físico, seguindo a ordem dos valores da chave e facilitando a busca seqüencial ordenada pelos valores da mesma. No esquema, indicam-se as colunas da chave primária, sublinhando-as. No esquema anterior podemos ter:

```
Funcionários( Nome, RG, Departamento, Salário )
```

Todo SGBD possui uma linguagem para a declaração e manipulação dos dados. Essa linguagem é conhecida como *Linguagem de Consulta*, apesar dela possuir em geral mais recursos do que apenas a consulta aos dados. Algumas das linguagens mais conhecidas incluem a QBE (Query By Example), QUEL e principalmente SQL. Essas linguagens permitem especificar o acesso às tuplas do Banco de Dados de forma simples e declarativa, e é talvez uma das principais razões do sucesso do MR. Outro fato é que tais linguagens se baseiam na Álgebra Relacional e no cálculo de predicados de primeira ordem, dando uma forte base teórica ao MR. A Álgebra Relacional se baseia em poucas operações: operações sobre conjuntos (união, interseção, diferença, Produto Cartesiano) e nas operações relacionais (seleção, projeção e junção).

Logo no primeiro artigo, Codd definiu que os valores dos domínios deveriam ser "atômicos", ou seja, não podiam ser subdivididos. Com isso, não se pode armazenar atributos compostos, conjuntos, vetores ou listas em uma célula da tabela. A essa restrição se dá o nome de Primeira Forma Normal (1FN). Isso torna o MR mais simples, porém limita a modelagem dos dados, forçando estruturas que nem sempre são convenientes. Por exemplo, uma relação contendo informações sobre livros não pode conter duas colunas essenciais, uma para os autores de cada livro e outra para os assuntos. Devido à 1FN, é necessário usar uma relação à parte para cada um desses atributos, o que não modela fielmente a realidade: cada livro é uma entidade só, não é composta de muitas diferentes.

2.3 — O MODELO RM/T

O Modelo RM/T[1], definido por Codd em 1979, procura superar algumas deficiências de modelagem que se tornaram claras logo que o MR começou a ser utilizado, principalmente em aplicações muito complexas. No RM/T, um banco de dados é dado como um conjunto de entidades que representam os "objetos", bem como seus relacionamentos. Ou seja, no RM/T os relacionamentos são modelados pelas entidades, ao contrário do Modelo de Entidades e Relacionamentos, onde os relacionamentos representam um conceito à parte. Cada entidade possui um conjunto de propriedades associadas, e as entidades podem ser manipuladas por um conjunto pré-definido de operações, para a criação, eliminação e atualização de entidades.

Cada entidade do Banco de Dados é definida como uma instância de um tipo, e todas as entidades de um tipo compartilham as propriedades desse tipo. O modelo define uma *hierarquia* de tipos, onde um tipo herda todas as propriedades de seus supertipos. As entidades são classificadas como *característica, associativa,* ou *núcleo* ("kernel"). A classificação tem o seguinte significado:

- Se a entidade tem o papel subordinado de descrever entidades de outro tipo, ela é *característica.*
- Se a entidade faz o papel de relacionar entidades de outros tipos, ela é chamada *associativa.*
- Uma entidade é do tipo núcleo se não cumpre nenhum dos papéis acima.

O modelo RM/T oferece dois modelos de relacionamento de supertipos/subtipos. Quando há *generalização incondicional*, cada instância de um subtipo deve ser um membro do supertipo. A *generalização condicional* é usada quando nem todos os elementos dos subtipos pertencem ao supertipo. Por exemplo, se Funcionário é modelado como uma generalização condicional de Secretário, Engenheiro e Técnico, então cada funcionário pode ser um secretário, engenheiro ou técnico, porém existem empregados que não pertencem a nenhuma destas três categorias.

O modelo possui semântica adicional no nível conceitual, porém, o modelo pode ser implementado facilmente em um SGBD que seja baseado no MR, num nível de abstração mais baixo. Isso é uma vantagem, dada a extensa disponibilidade de sistemas Relacionais existentes.

---

[1] RM - Relational Model - T - Tasmânia

8 *CONCEITOS DE BANCO DE DADOS*

Um conceito muito importante apresentado no RM/T é o do *identificador substituto* ("surrogate"). Cada entidade do banco de dados é identificada por um identificador único, gerado pelo sistema, o identificador substituto. Os usuários não podem fazer o acesso ou manipular os identificadores substitutos. Cada tipo de entidade possui uma relação de uma coluna denominada E-Relação (E-Relation), que guarda todos os identificadores substitutos de todas as instâncias desse tipo. Esse conceito reforça a necessidade da definição da chave primária. Um conceito semelhante (identificador de objeto) é um dos mais importantes nos BDOO, que descreveremos adiante.

2.4 — O MODELO RELACIONAL NÃO-NORMALIZADO

Uma das características do MR normalizado, como já citado, é o fato das células das relações poderem armazenar somente valores que não podem ser decompostos (Primeira Forma Normal). No MR Não-Normalizado (MRNN) essa restrição é retirada, permitindo a representação de atributos multivalorados ou compostos ou, de uma maneira geral, valores que são relações. O MRNN teve várias denominações na literatura, entre elas de "nested relations" (relações aninhadas), "relational model with relation-valued attributes", "non-first normal form", "NF^2" entre outras. A modelagem é facilitada em vários casos, com a utilização do MRNN. Um exemplo típico de melhora em relação ao MR normalizado é o de uma biblioteca: um livro pode ter vários autores e vários assuntos. Para isso ser modelado com o MR, pode ser necessária a utilização de três relações: uma para os livros, outra para os assuntos e a terceira para os nomes dos autores. Vamos ilustrar com um exemplo:

Livros

ISBN	Título
1234	A Internet
4321	Casa e Fogão
1111	A arte no século XIX
2222	Futebol

Assuntos

ISBN_Livro	Assunto
1234	Computadores
4321	Cozinha
1111	Artes
2222	Esporte
1234	Redes
4321	Decoração
4321	Arquitetura

AutoresLivros

Nome Autor	CodLivro
José	1234
João	1234
Maria	1234
Ney	4321
Marcelo	1111
Geraldo	1111
Pedro	1234
Joaquim	2222

O MODELO RELACIONAL NÃO-NORMALIZADO

Se for utilizado o MRNN, os dados acima podem ser representados em apenas uma relação:

Livros

ISBN	Título	Assuntos*	NomesAutores*
1234	A Internet	Computadores Redes	José João Maria Pedro
4321	Casa e Fogão	Cozinha Decoração Arquitetura	Ney
1111	A arte no século XIX	Artes	Marcelo Geraldo
2222	Futebol	Esporte	Joaquim

No esquema as colunas multivaloradas são marcadas com asterisco (*). Notamos que o esquema fica mais simples e claro, e representa de uma maneira melhor a realidade: cada livro é apenas uma entidade, sendo representado por uma única linha e não por várias em diferentes relações.

Outro exemplo de modelagem que se beneficia das características do MRNN é o do cadastro de funcionários ou clientes com atributos multivalorados: além de nome, endereço, data de nascimento, etc., queremos modelar o fato de um funcionário poder possuir vários telefones e dominar várias línguas. Para representar esses dados no MR, será necessário o uso de três relações: uma para armazenar os atributos monovalorados, outra para os telefones, e ainda outra para as línguas. Será usado o seguinte esquema:

Funcionários (<u>Chapa</u>, Nome, Endereço, DataNascimento)

Línguas (Chapa_Func, língua, nível)

Telefones (Chapa_Func, Telefone)

Funcionários

RG	Nome	Endereço	DataNascimento
1234	José	Rua 1	01/01/70
1111	Maria	Rua X	01/05/60
4321	João	Rua 2	31/12/69

CONCEITOS DE BANCO DE DADOS

Telefones

Chapa_Func	Telefone
1234	555-5555
1111	707070
4321	888-5555
1234	666-9999

Línguas

Chapa_Func	Língua	Nível
1234	Inglês	1
1234	Francês	1
1111	Português	4
1111	Alemão	3
4321	Italiano	2

No MRNN utilizaremos apenas uma tabela para representar esses dados:

```
Funcionários(Chapa, Nome, Endereço, DataNascimento, Línguas(Lingua,
Nível)*, Telefones*)
```

Os dados são armazenados apenas em uma relação:

Funcionários

Chapa	Nome	Endereço	DataNascimento	Línguas* (Idioma,nível)	Telefones*
1234	José	Rua 1	01/01/70	(Inglês, 1) (Francês,1)	555-5555 666-9999
1111	Maria	Rua X	01/05/60	(Português, 4) (Alemão, 3)	707070
4321	João	Rua 2	31/12/69	(Italiano, 2)	888-5555

A solução com o MRNN, além de diminuir a redundância das chaves das relações e o número destas (no exemplo, a existência de uma chave torna-se até supérflua), é mais simples e eficiente. Com esse modelo ainda é possível a representação de listas, textos ou outras estruturas que são necessárias para algumas aplicações avançadas, tal como o CAD/CAM.

2.5 — O MODELO DE ENTIDADES E RELACIONAMENTOS

O Modelo de Entidades e Relacionamentos (MER) é um dos chamados "modelos semânticos". Esse modelo serve para representação das estruturas de informações, sendo apresentado de forma gráfica, como um esquema. Vamos utilizar o modelo original, com as extensões apresentadas por Setzer. Apresentaremos ainda novas extensões ao MER.

O MER pode ser utilizado como um modelo puramente conceitual, como ferramenta de projeto e análise de dados. Porém o MER, acrescido de chaves e "chaves estrangeiras" pode ser utilizado como uma extensão do MR, como o próprio Chen apresenta em seu artigo original. Nossa proposta, apresentada adiante, será o de um modelo de dados baseado no MER, que pode ser efetivamente implementado em um sistema real. Como exemplo de sistema que implementa o MER operacionalmente, podemos citar o ZIM.

Vamos mostrar os principais conceitos desse modelo, e os seus diagramas, que serão utilizados adiante.

2.5.1 — Entidades e atributos

Uma *entidade* é uma representação abstrata de um "objeto" de interesse no mundo real. Como exemplo, são entidades as representações abstratas de um funcionário, de um departamento, de um material usado em uma empresa, etc. Um grupo de entidades de mesma natureza no mundo real forma um *conjunto de entidades*, como por exemplo um conjunto de funcionários, um conjunto de alunos, etc. No esquema gráfico, representaremos uma entidade por um retângulo, com o nome do conjunto de entidades no seu interior, mostrado na Figura 2. Por conveniência, passaremos a chamar apenas de entidades aos conjuntos de entidades.

Figura 2: Representação das entidades no diagrama ER

As entidades possuem *atributos*, que são funções que levam um elemento do conjunto de entidades a um elemento de um conjunto de valores, como por exemplo os conjuntos de nomes, de datas de nascimento, de endereços, etc. Os atributos servem para representar as informações sobre os elementos dos conjuntos de entidades. Vamos representar os atributos como na Figura 3:

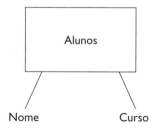

Figura 3: Atributos de uma entidade

12 CONCEITOS DE BANCO DE DADOS

Seguindo as extensões de Setzer, atributos podem ser *compostos*, onde o atributo pode ser composto por vários subatributos; *multivalorados*, quando o atributo leva um elemento do conjunto de entidades a um conjunto de valores (uma função "multivalente") , ou ainda o atributo pode ser *determinante*, quando a função do atributo é bijetora, ou seja, o mesmo valor do atributo não ocorre em dois elementos do conjunto de entidades. Na Figura 4, Telefones é um exemplo de atributo multivalorado, Endereço um exemplo de atributo composto e RG de atributo determinante. Pode-se ter qualquer combinação de atributos multivalorados com compostos.

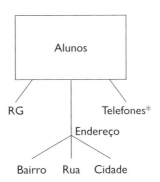

Figura 4: Atributos compostos, determinantes e multivalorados

2.5.2 — Relacionamentos e multiplicidade de relacionamentos

Os *Relacionamentos* são estruturas conceituais que representam associações no mundo real entre os objetos representados por diferentes conjuntos de entidades, como por exemplo o fato de um funcionário estar lotado em um determinado departamento, o fato de um cliente de um banco possuir várias contas bancárias, etc. Um relacionamento binário é um par ordenado (e_1, e_2), $e_1 \in E_1$, e $e_2 \in E_2$, onde E_1 e E_2 são conjuntos de entidades. No esquema gráfico, o relacionamento é representado por um losango, com vértices ligando as entidades que ele relaciona. Então, por exemplo, se E_1 for o conjunto de funcionários e E_2 o conjunto de departamentos, o par (f,d) está no conjunto de relacionamentos Lotações se, e somente se, o funcionário f estiver lotado no departamento d. O esquema desse relacionamento está na Figura 5.

Figura 5: Exemplo de relacionamento

No esquema nota-se o "N" e o "1", que determinam a *multiplicidade* do relacionamento. Não recomendamos a nomenclatura "cardinalidade" como encontrada na literatura, pois não se trata do número de elementos de um conjunto, mas sim uma representação do número máximo de associações a um outro elemento. O relacionamento acima é classificado como "N para 1" ou "muitos para um", que indica que vários funcionários (máximo ilimitado, representado por N) podem estar lotados num mesmo departamento, porém, um funcionário pode estar lotado apenas em um departamento. O relacionamento ainda pode ser "N para N" ou "muitos para muitos", como por exemplo, o relacionamento Matrículas, entre alunos e disciplinas, representado na Figura 6. Cada aluno pode cursar várias disciplinas e cada curso pode ter vários alunos matriculados.

Figura 6: Relacionamento N para N

Um relacionamento pode ser ainda "um para um", por exemplo no caso de uma chefia. Uma pessoa pode chefiar apenas uma equipe, e a equipe possui apenas um chefe (Figura 7).

Figura 7: Relacionamento 1 para 1

Podemos generalizar esse conceito, permitindo que se coloquem constantes como, por exemplo, um relacionamento "N para 6", por se cada aluno puder cursar no máximo 6 disciplinas (Figura 8).

Figura 8: Relacionamento N para 6

Esse conceito poderia ainda ser estendido, para o caso de por exemplo uma disciplina dispor de apenas 50 vagas. Aí teríamos um relacionamento "50 para 6". Com essas representações, podemos representar várias *restrições de integridade* quanto à multiplicidade nos esquemas; note que os relacionamentos "1 para N" e "1 para 1" são apenas casos particulares dessas restrições.

Os relacionamentos também podem possuir atributos, pois existem informações da associação que podem não pertencer a nenhuma das entidades do relacionamento correspondente. No exemplo anterior, as notas dos alunos de uma disciplina são um caso típico, pois a nota não é atributo do aluno, já que ele cursa várias disciplinas, ou seja, depende da disciplina. Também não é atributo da disciplina, pois evidentemente a nota pode ser diferente para cada aluno. Apresentamos um exemplo de representação abaixo, bem como o exemplo da última classe de relacionamentos ("50 para 6").

14 CONCEITOS DE BANCO DE DADOS

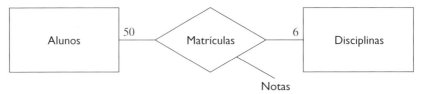

Figura 9: Atributo de relacionamento. Relacionamento 50 para 6

Vamos acrescentar mais uma informação no esquema, sob a forma de uma restrição de integridade. Suponha que cada aluno deva obrigatoriamente estar matriculado em alguma disciplina. Representaremos tal fato com uma bolinha no lado de Alunos. Podemos também supor que não existe nenhuma disciplina sem no mínimo 5 alunos. Colocamos o número mínimo de alunos sobre a bolinha, como no esquema da Figura 10. Denominaremos cada uma dessas restrições de integridade como *totalidade do relacionamento*.

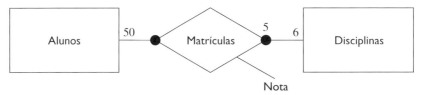

Figura 10: Totalidade de relacionamentos

Alguns autores representam o número mínimo e máximo de elementos que se relacionam como um par. No caso anterior, teríamos [5,50] para o número de alunos e [1,6] para o número de disciplinas.

2.5.3 — Auto-relacionamentos, relacionamentos múltiplos

Um *auto-relacionamento* é um relacionamento onde os dois elementos do par ordenado são do mesmo conjunto de entidades. Um exemplo típico de auto-relacionamento é o de peças e composições. Uma peça compõe outras peças, e assim sucessivamente. Por exemplo, uma peça do carro é o motor, composto pelo bloco, cilindros, etc.

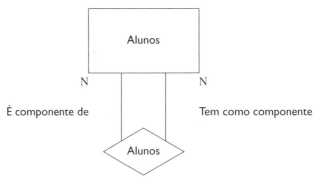

Figura 11: Auto-relacionamento

Nas arestas dos relacionamentos notamos os *papéis*, que são necessários para se distinguir qual peça é componente e qual é a peça composta. Por exemplo, o bloco é componente do motor, e motor tem como componente o bloco.

Um relacionamento *múltiplo* é uma generalização dos relacionamentos binários. Ao invés de um par ordenado, o conjunto de relacionamentos é composto por triplas ou n-uplas ordenadas. Um exemplo de relacionamento múltiplo é o do relacionamento entre professores, disciplinas e alunos. Segundo a interpretação da multiplicidade de Setzer, o modelo da Figura 12 representa o fato de, dado um aluno matriculado em uma disciplina, haver apenas um professor associado a esse par, pois queremos representar o fato de que o aluno não cursa uma mesma disciplina com mais de um professor. Por outro lado, um professor pode ministrar uma certa disciplina para vários alunos, e um professor pode ser responsável por mais de uma disciplina para um certo aluno.

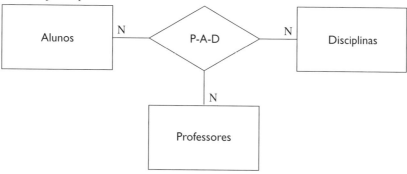

Figura 12: Relacionamento triplo

2.5.4 — Agregações

Quando é necessário estabelecer relacionamentos entre relacionamentos, é interessante considerar um conjunto de relacionamentos e seus conjuntos de entidades como um conjunto de entidades, *agregando* todas as suas informações. Um exemplo de agregação ocorre num sistema de almoxarifado, que controla os materiais, requisições de materiais, e a compra quando necessário. Há um relacionamento N para N entre os materiais e as requisições. Por sua vez, alguns dos itens de requisição geram pedidos de compra.

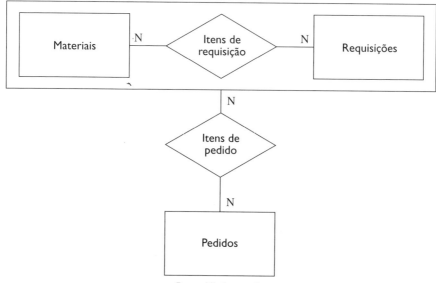

Figura 13: Agregação

Vamos mostrar um esquema genérico para definir melhor a agregação:

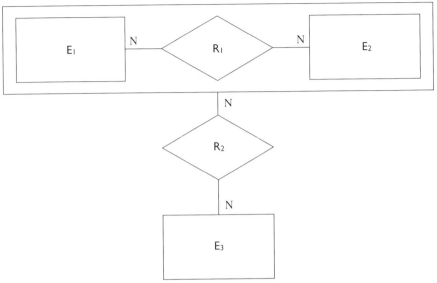

Figura 14: Agregação geral

Formalmente teremos o seguinte:

$$R_2 \subseteq \{((e_1, e_2), e_3) \mid (e_1, e_2) \in R_1 \text{ e } e_3 \in E_3\}$$

Em outras palavras, E_3 se relaciona com o conjunto de relacionamentos R_1, bem diferente do relacionamento triplo entre E_1, E_2 e E_3, que seria um conjunto de triplas com elementos dos três conjuntos. A agregação permite a existência de pares de E_1 e E_2 em R_1 *sem* que se relacionem com E_3, o que seria impossível no relacionamento triplo.

A agregação também pode ser representada, como em algumas ferramentas CASE, por um retângulo em torno do losango do relacionamento, como mostrado na Figura 15.

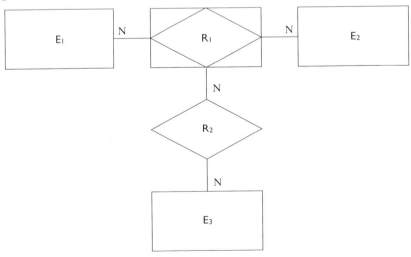

Figura 15: Representação alternativa da agregação

Essa notação é mais compacta, e mostra bem como o relacionamento das duas entidades E_1 e E_2 é considerado como se fosse uma só. No entanto ela não pode ser usada no caso da agregação envolver dois relacionamentos distintos; neste caso deve-se empregar a notação gráfica anterior.

2.5.5 — Generalização/especialização

A generalização/especialização de um conjunto de entidades se assemelha ao do modelo RM/T. Um conjunto de entidades Funcionários pode ser especializado em Secretários, Engenheiros e Técnicos, e este fato será representado como no esquema da Figura 16:

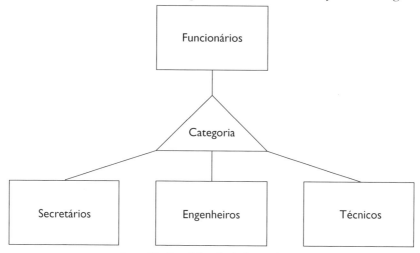

Figura 16: Especialização de Funcionários

Nesse caso considera-se que podem existir funcionários que não são engenheiros, técnicos ou secretários. Pode-se desejar que haja uma generalização *total*, isto é, que as união de todos os subconjuntos seja o conjunto de entidades generalizado, por exemplo, se considerarmos que todos os funcionários de uma empresa ou são prestadores de serviço ou funcionários regulares de carteira assinada, podemos representar este fato com uma bolinha na ponta do triângulo, representando uma generalização total:

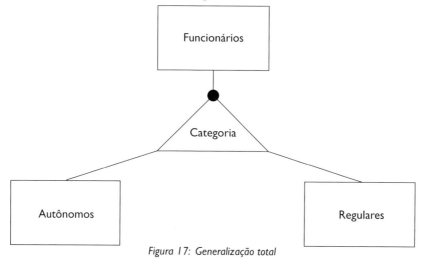

Figura 17: Generalização total

Nesse caso, funcionários ou são regulares ou são autônomos, não existindo funcionário que não seja de uma dessas duas categorias.

Vamos introduzir um novo tipo de representação: uma generalização pode ser *exclusiva* ou *inclusiva*. Na generalização exclusiva os conjuntos de entidades que são especializações de um conjunto de entidades especificado são disjuntos, por exemplo, no exemplo anterior os funcionários devem pertencer a apenas uma categoria. Representaremos esse fato como na figura a seguir:

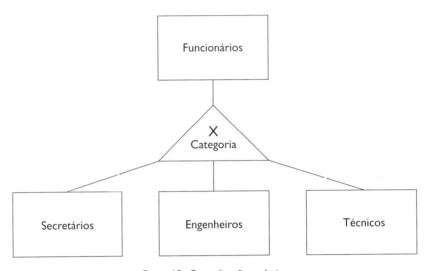

Figura 18: Generalização exclusiva

Uma generalização inclusiva pode acontecer, por exemplo, em um banco, onde uma pessoa física pode ser correntista do banco ou um funcionário, ou ambos.

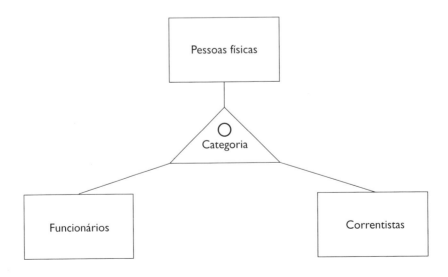

Figura 19: Generalização inclusiva

2.5.6 — Relacionamentos exclusivos e inclusivos

Aproveitando a notação da generalização/especialização inclusiva e exclusiva, vamos apresentar outra extensão ao modelo original de Chen. Quando um conjunto de entidades A relaciona-se por meio de vários relacionamentos de mesma natureza semântica com várias entidades B, C, etc., pode-se agrupar esses vários relacionamentos em um só. Note-se que a multiplicidade do lado A deve ser a mesma. Temos dois casos: cada elemento de A pode relacionar-se com elementos de vários conjuntos de entidades diferentes - é o relacionamento *inclusivo*, representado na Figura 20. Se o elemento de A puder se relacionar apenas com elementos de B ou (exclusivo) apenas com elementos de C, etc., temos um relacionamento exclusivo, representado na Figura 21.

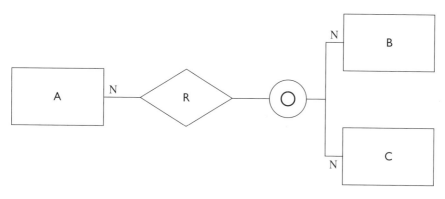

Figura 20: Relacionamento inclusivo

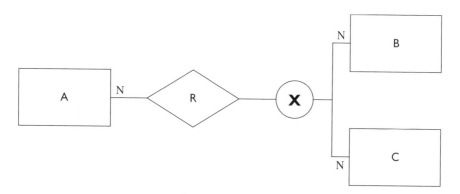

Figura 21: Relacionamento exclusivo

Vamos mostrar alguns exemplos de relacionamentos inclusivos e exclusivos. Um relacionamento exclusivo pode acontecer, por exemplo, em um sistema de controle de uma "software house". Um atendimento telefônico pode ser feito pelo setor de vendas por um vendedor, ou por um analista do setor de suporte técnico, mas não pelos dois ao mesmo tempo.

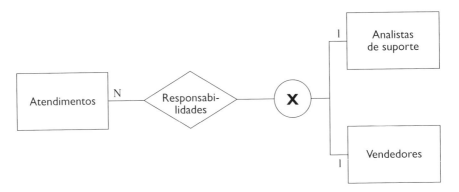

Figura 22: Exemplo de relacionamento exclusivo

Um exemplo de relacionamento inclusivo poderia ser o de controle da posse de veículo. Uma pessoa poderia possuir vários tipos de veículos, que podem estar representados em diferentes entidades.

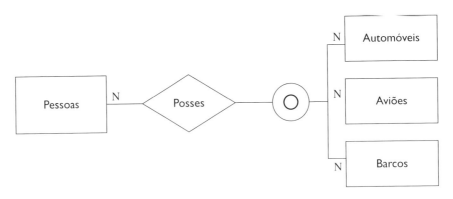

Figura 23: Exemplo de relacionamento inclusivo

Uma pessoa pode possuir vários barcos, aviões ou automóveis, e a associação de posse é a mesma para os vários tipos de veículos e seus donos.

Nesses dois exemplos, poder-se-ia imaginar uma generalização das entidades, substituindo-se o relacionamento inclusivo/exclusivo por um relacionamento binário comum com a entidade generalizada. Por exemplo, poder-se-ia imaginar para a Figura 23 a generalização Veículos, e na Figura 22, Funcionários.

No entanto, perder-se-ia informação se os relacionamentos exclusivos ou inclusivos se dessem apenas com algumas das entidades especializadas. No caso exclusivo, com relacionamento N para N, ainda há a informação de exclusividade que seria perdida no relacionamento com a generalização.

Pode ainda haver vários casos em que o relacionamento não se dá com entidades de mesma natureza, e portanto passíveis de generalização.

2.5.7 — O MER como modelo operacional

O MER pode ser representado não apenas na forma de gráficos, mas também por uma linguagem de definição de dados, que permite uma representação dos esquemas de uma forma textual. Essa representação pode ser usada como uma linguagem de definição de dados para uma extensão do MR (Modelo Relacional). Vamos mostrar com um exemplo como poderia ser uma definição de dados através dessa linguagem, com o esquema da Figura 24:

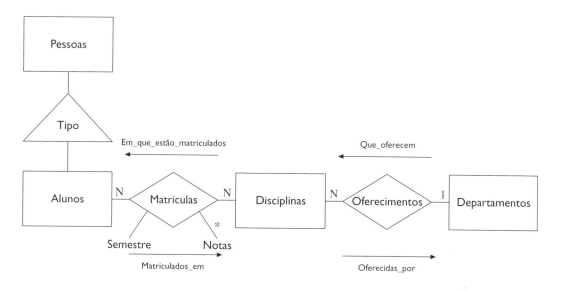

Figura 24: Esquema ER de exemplo

Na Figura 24 introduzimos uma nova notação. Seguindo o modelo do Gerenciador de Bancos de Dados ZIM, em cada relacionamento colocamos *sinônimos*, associados a cada entidade participante do relacionamento, permitindo exprimir-se o relacionamento em uma frase com sentido. Na figura, por exemplo, teremos Alunos *Matriculados_em* Disciplinas, e Disciplinas *Em_que_estão_matriculados* Alunos. Essa definição facilita a linguagem de consulta, que mostraremos a seguir.

```
Entity Pessoas
  Attributes
    Nome: string;
    RG: string, Key;
    DataNasc: date;
    Sexo: {M,F};
    Endereço: Compound
              Local: Compound
                    Rua: string;
                    Número: integer;
                    Complemento: string;
                  End;
```

22 CONCEITOS DE BANCO DE DADOS

```
              CEP: string;
              Cidade: string;
          End;
     Telefones: string, multivalued;
End;

Entity Alunos Inherits From Pessoas
  Attributes
     NoUSP: [0000000..9999999], Key;
     DataIngresso: date;
End;

Entity Disciplinas
  Attributes
     Nome: string;
     Código: string, Key;
End;

Entity Departamentos
  Attributes
     Código: string, Key;
     Nome: string;
     Sala: 0..999;
     Telefones: string, Multivalued;
End;

SubEntity Calouros of Alunos
  Where DataIngresso.Year = current_year
end;

Relationship Matrículas
  Syn Matriculados_em , Em_que_estão_matriculados
  Entities
     Alunos (0, N);
     Disciplinas (0, N);
  Attributes
     Semestre: [1,2];
     Ano: 0..9999;
     Notas: 0..10 , Multivalued;
End;

Relationship Oferecimentos
  Syn Que_oferecem, Oferecidas_por
  Entities
     Departamentos (0, 1);
     Disciplinas (0, N);
End;

SubRelationship Matrículas_atuais of Matrículas
  Where Ano=current_year
End
```

A palavra-chave **compound** define o atributo composto, de forma semelhante ao

O MODELO DE ENTIDADES E RELACIONAMENTOS   23

comando "record" da linguagem Pascal, ou o "struct" da C/C++. A palavra **key** define um atributo como determinante (v. 2.5.1), e **multivalued** define o atributo como multivalorado. Como veremos em nosso modelo relacional, podemos representar relações dentro de relações (relações encaixadas). Um atributo do tipo **compound** multivalorado seria uma relação dentro da outra. Um exemplo dessa relação poderia ocorrer se uma pessoa pudesse possuir vários endereços.

Um exemplo de consulta estendendo a linguagem SQL mostra o uso dos sinônimos:

```
select   Alunos.Nome
from     Alunos Matriculados_em Disciplinas
where    Disciplina.Código = "MAC-110"
```

Essa consulta lista o nome de todos os alunos que estão matriculados na disciplina de código "MAC-110". As consultas serão descritas com mais detalhes adiante (Item 8.4).

Essas declarações, além de serem uma tradução praticamente direta do esquema MER, podem gerar um esquema MR normalizado, através de um tradutor. O esquema correspondente poderia ser o seguinte:

```
Pessoas (Nome,RG,DataNasc,Sexo,Rua,Número,Complemento,CEP,Cidade)
TelefonesPessoas (RGPessoa, Telefone)
Alunos (RG, NoUSP,DataIngresso)
Disciplinas (Nome, Código, CódigoDep)
Departamentos (CodigoDep, Nome, Sala)
TelefonesDepartamentos (CodDep, Telefone)
Matrículas(NoUSP, Código, Semestre, Ano)
Notas (NoUSP, Código, Nota)
```

Note-se o uso das chaves para gerar as chaves estrangeiras. Em geral, cada entidade é representada por uma relação. Para representarmos o relacionamento "N para N", foi necessário criar uma relação auxiliar, assim como para representar os atributos multivalorados. Outra observação a ser feita é que o atributo composto é decomposto nos seus componentes-folha. Se fosse utilizado o MRNN (Modelo Relacional não Normalizado), pode-se simplificar o esquema:

```
Pessoas (Nome, RG, DataNasc, Sexo, Endereço[ Local[ Rua, Número,
         Complemento, CEP] , Cidade] , Telefones*)
Aluno (RG, NoUSP,DataIngresso,
       [ Código,Semestre, Ano, Notas*]*)
Disciplinas (Nome, Código, CódigoDep)
Departamentos (CodigoDep, Nome, Sala, Telefones*)
```

Notamos que nesse caso não foi necessário criar nenhuma relação auxiliar, o que melhora a eficiência do esquema, tanto no espaço ocupado como nas consultas, por diminuir a necessidade de junções ("*joins*") na execução de consultas. A decisão de representar as matrículas dentro de Alunos e não de Disciplinas, é devido ao fato de que os dados correspondentes são mais relativos aos alunos e não às disciplinas.

24 **CONCEITOS DE BANCO DE DADOS**

2.6 — EXEMPLO

No Apêndice 1 apresentaremos um exemplo concreto de um MER, usado para descrever nosso método de Análise Orientada a Objetos.

2.7 — REFERÊNCIAS

Como textos básicos sobre o MR, citamos o livro de Ullman [ULL 88], Elmasri e Navathe [ELM 94], Date [DAT 90] e Korth e Silbershatz [KOR 86].O RM/T foi apresentado por Codd em artigo, encontrado em [COD 79].O conceito de generalização/especialização foi introduzido no MR, por Smith & Smith, em 1977 [SMI 77]. O MRNN por sua vez, foi apresentado inicialmente por Makinouchi em 1977 [MAK 77]. Em 1986 Dadam [DAD 86] apresenta um protótipo de um Banco de Dados que implementa o MRNN. Özsoyoglu em 1987 [OZS 87] mostra algumas extensões da álgebra relacional e cálculo relacional para o MRNN. Uma forma normal para o MRNN foi apresentado por Özsoyoglu também em 1987 [OZS 87a]. O uso do MRNN na modelagem de dados é apresentada por Setzer [SET 86]. Uma proposta de implementação física do MRNN com um número qualquer de níveis de encadeamento pode ser encontrada também no livro de Setzer [SET 86]. Chen apresentou o MER em 76 [CHE 76]. As extensões que utilizamos são basicamente as apresentadas em [SET 86].

3

Orientação a Objetos (OO)

Orientação a Objetos é um paradigma de linguagens e de programação que se popularizou na década de 80. A primeira linguagem orientada a objetos foi a linguagem SIMULA apresentada inicialmente por Dahl. Hoje em dia, as linguagens orientadas a objetos mais conhecidas são a C++, ObjectPascal e Smalltalk. Na Programação Orientada a Objetos (POO), os programas são compostos por várias *classes*, uma extensão dos tipos de dados da programação tradicional, para conter também procedimentos (chamados de *métodos*) além dos tipos propriamente ditos. Os dados dos programas são armazenados em *objetos*, que correspondem às variáveis da programação tradicional (não orientada a objetos). Os objetos, em vez de criados na declaração das classes, são criados durante a execução do programa, ao contrário das variáveis das linguagens tradicionais, onde seu espaço na memória é reservado antes da execução do programa. Os objetos executam ações e se comunicam entre si através de *mensagens*, uma extensão da "chamada" de procedimentos. Um objeto é basicamente composto por *variáveis de instância* e por *métodos*. As variáveis de instância armazenam as informações (dados, valores) dos objetos, definindo sua estrutura, enquanto que os métodos definem o *comportamento* do objeto. Como principais objetivos da programação orientada a objetos podemos destacar as seguintes:

- Modularização: divisão dos programas em módulos independentes, o que facilita o desenvolvimento, depuração e manutenção do software, especialmente quando os programas são muito grandes e o trabalho é dividido por equipes. A modularização pode ser praticada nas linguagens de programação não orientadas a objetos, porém a modularização em OO é mais geral e potente que nestas linguagens.

- Projeto de módulos independente da aplicação: os módulos não devem possuir características particulares da aplicação para a qual está sendo desenvolvida, para facilitar a reutilização destes módulos em futuros programas, como também os testes de um módulo.

- Generalidade e flexibilidade: projeto de módulos independente do tipo de dados a serem armazenadas em suas estruturas de dados. Por exemplo, em uma linguagem de

26 ORIENTAÇÃO A OBJETOS (OO)

programação tradicional, para se implementar uma árvore de busca, ou uma pilha, ou mesmo para se implementar um simples algoritmo de ordenação, são necessárias várias versões, uma para cada tipo de dado armazenado (inteiro, real, "string", registro). Com o uso de classes genéricas (a serem descritas adiante), pode-se implementar apenas uma versão, definida como uma classe genérica (por exemplo, a classe dos nós de uma árvore), que funcionará com qualquer tipo de dados que a classe assuma.

- Reutilização: conseqüência dos objetivos anteriores, visa aproveitar ao máximo o trabalho de desenvolvimento já realizado para produzir novos programas.

Esses objetivos poderiam ser alcançados com o uso de linguagens de programação tradicionais, exceto a flexibilidade, que decorre de características próprias da orientação a objetos. Entretanto, a estrutura das linguagens orientadas a objeto força práticas de programação que ajudam o alcance desses objetivos.

3.1 — CONCEITOS PRINCIPAIS DA ORIENTAÇÃO A OBJETOS

Os principais conceitos da programação orientada a objetos são as seguintes:
- Herança
- Polimorfismo
- Encapsulamento
- Mensagens

Vamos explicar cada conceito separadamente:

3.1.1 — Herança

Dispositivo no qual uma classe B é definida a partir de uma outra classe A, com todas as suas variáveis de instância e métodos, além de outras variáveis e métodos que diferenciam a classe B da classe A. Dizemos, nesse caso, que a classe B é uma *subclasse* da classe A, e que a

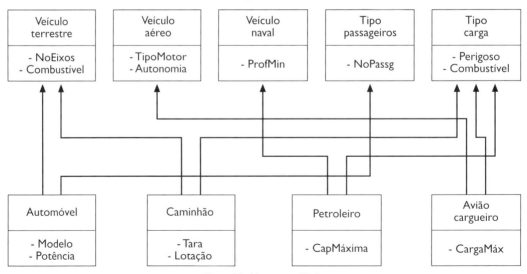

Figura 25: Herança múltipla

classe B *herda* as variáveis e os métodos da classe A. A herança pode ser *única*, onde a classe herda características de apenas uma classe, ou *múltipla*, onde uma classe pode herdar características de duas ou mais classes. Portanto, as diversas classes formam várias *hierarquias de classes*. A linguagem Smalltalk oferece herança única, enquanto a linguagem C++ possui herança múltipla.

Um exemplo de herança múltipla é o de uma hierarquia de veículos de transporte. Um veículo pode ser terrestre, aéreo ou naval. Por sua vez, também pode ser de transporte de cargas ou de passageiros (Figura 25).

Na figura acima, uma classe está representada por um retângulo, sendo que o nome da classe se encontra na parte superior, enquanto que na parte inferior são colocadas as variáveis de instância (poderíamos ter ainda colocado em separado os métodos). A seta indica que a classe de onde a seta está "saindo" é uma subclasse da classe onde a seta "chega." No exemplo, um petroleiro é um veículo naval e também um veículo de carga, o automóvel é um veículo terrestre e também de passageiros, e assim por diante.

3.1.2 Polimorfismo e Sobrecarga de operadores

Na literatura encontramos duas definições para o polimorfismo. Apresentaremos as duas definições e mostraremos um exemplo que engloba ambas.

Polimorfismo é um dispositivo que permite que um nome de um mesmo método possa ser definido em várias classes, tendo implementações diferentes em cada classe.

Na outra definição, polimorfismo é a propriedade pela qual uma variável pode conter um apontador para diferentes classes, em diferentes instantes, ou seja, assume várias formas distintas.

As definições ficarão mais claras através de um exemplo: vamos considerar a classe Figura2d, que representa qualquer figura bidimensional. Alguns exemplos podem ser vistos na Figura 26:

Figura 26: Figuras planas

Na classe Figura2d podemos definir um método, chamado Área, que retorna a área da figura. Esse método, por ser muito genérico, deve cuidar de muitos casos de cálculo, eventualmente complicados e ineficientes. Podemos então criar novas classes, por exemplo Triângulo, Retângulo e Círculo, que terão cálculos de área com fórmulas mais simples e conhecidas. Todos podem ser subclasses de Figura2d, por serem figuras bidimensionais. Em cada classe, porém, pode-se redefinir o método Área para se ter um cálculo mais eficiente, conhecendo as particularidades de cada classe. Por exemplo, na classe Círculo, o método precisa calcular apenas a fórmula πr^2, sendo muito mais simples e rápido que o método totalmente genérico. Esse é um exemplo da primeira forma de polimorfismo. Na literatura diz-se que o método Área que havia sido definido para a classe mais geral foi redefinido na subclasse ("*overriding*").

28   ORIENTAÇÃO A OBJETOS (OO)

Para exemplificar a segunda definição de polimorfismo, vamos supor, numa linguagem de programação fictícia, que temos uma variável, da classe Figura2d:

```
var f: Figura2d;
```

Essa variável pode apontar para qualquer objeto da classe Figura2d, além das subclasses desta classe. Ou seja, pode apontar para objetos das classes Triângulo, Retângulo, ou Círculo. Suponhamos que temos as seguintes variáveis no programa:

```
var c: Círculo;
var r: Retângulo;
var t: Triângulo;
```

Nesse caso, a variável f pode armazenar qualquer uma dessas variáveis, ou seja, assume várias formas (2.ª definição).

```
f := c;
f :- r;
f := t;
```

Se tentarmos atribuir um valor de uma classe que não é subclasse da classe Figura2d, o programa deve acusar um erro:

```
var func: funcionário;

f := func; //(1)
x := f.Área; //(2)
x := func.Área; //(3)
```

Na linha (1) será detectado um erro de execução do programa. Na linha (2) o programa deve chamar o método área que for o da classe a qual este pertence no momento, e não o da classe mais geral. Na linha (3), o método Área não está contido na classe funcionário, de modo que se deve gerar uma mensagem de erro. Nesses exemplos nota-se outra característica importante dos programas orientados a objetos: o compilador não possui em tempo de compilação informação sobre qual método ele deve chamar na linha (2); isso só pode ser conhecido em tempo de execução. Nesse caso dizemos que o compilador realiza o *acoplamento tardio* entre mensagens e métodos (*"Late Binding"*).

Outro conceito associado ao polimorfismo é o da *sobrecarga de operadores* (*"overloading"*). Por exemplo, seja a soma abaixo:

```
z = x + y ;
```

O operador soma pode estar somando variáveis polimórficas, o que exige que haja várias versões para o mesmo operador de soma. Se os operandos fossem números inteiros, a operação de soma seria uma operação comum. Porém, devido ao polimorfismo, os operandos podem ser de vários tipos (classes). Por exemplo, x e y poderiam ser figuras geométricas, e um operador de soma especial pode ser definido, como por exemplo a soma das áreas. Como o operador pode realizar operações distintas, que dependem do tipos dos operandos, dizemos que o operador está *sobrecarregado*.

3.1.3 — Encapsulamento

O encapsulamento é a proteção da estrutura interna do objeto por trás dos métodos, ou seja, o único modo de se obter informação sobre um objeto é através dos métodos. Essa característica é muito importante, pois possibilita uma maior independência de dados, uma vez que a implementação das estruturas de dados dos objetos não precisa ser conhecida por quem utiliza os objetos.

Na definição estrita do encapsulamento, utilizada por exemplo na linguagem Smalltalk notamos as seguintes restrições:

1. Apenas métodos podem estar na parte pública do objeto, ou seja, visível ao exterior.
2. Os métodos são definidos em linguagem procedural.
3. Um método pode manipular somente dados dentro do objeto em que está definido.

Na linguagem C++, a restrição (1) é relaxada, uma vez que podemos ter variáveis na parte visível do objeto.

Cada declaração de método em uma classe é chamada *assinatura*. O conjunto de todas as assinaturas é denominado *interface do objeto*.

Um exemplo clássico de encapsulamento é o de um objeto que implementa uma pilha. Um programador que esteja utilizando o objeto pilha precisa conhecer apenas a interface do objeto, que contém os métodos Empilha, Desempilha, Consulta_topo, etc.. Para ele, pouco ou nada importa a forma em que a pilha está implementada e armazenada. Ela pode estar armazenada como um vetor, lista ligada, ou da forma que o implementador da pilha julgar conveniente. Isso fornece uma grande independência de dados, uma vez que se pode mudar a estrutura interna da pilha, sem afetar os programas que estejam a utilizando.

3.1.4 — Mensagens

Os diversos objetos de um programa comunicam-se através de *mensagens*. Quando um objeto deseja uma informação sobre um outro objeto, ou quer modificar o estado de outro objeto, envia uma mensagem ao objeto desejado que, por sua vez, executa um método apropriado de acordo com a mensagem recebida. Vamos mostrar um exemplo de mensagem em C++:

```
func.aumentasalário (20), NovoSalário);
```

30 *ORIENTAÇÃO A OBJETOS (OO)*

O *destinatário* é o objeto que vai receber a mensagem. Em geral, é uma variável que contém uma referência ao objeto que vai receber a mensagem. O *seletor* é assim chamado, pois seleciona o método a ser executado pelo destinatário. Os *argumentos* fornecem informações adicionais ou armazenam valores de retorno. Nessa mensagem, é solicitado ao objeto func que suba seu salário em 20%, retornando o valor do novo salário no objeto (variável) NovoSalário.

Em uma linguagem de programação não orientada a objetos, como Pascal ou C, é necessário fornecer nos parâmetros de chamada qual o funcionário deve ter o salário aumentado.

```
aumentasalário(Funcionário, 20, NovoSalário);
```

Nas linguagens orientadas a objetos, os procedimentos são acoplados aos dados, portanto quando é necessário aumentar o salário do funcionário, é enviada uma mensagem ao objeto Funcionário, como mostrado acima, que atua sobre seus dados. Nas linguagens tradicionais, o procedimento modifica a variável que contém os dados sobre o funcionário. Portanto, na Orientação a Objetos, os objetos agregam os dados e os métodos e agem sobre seus próprios dados, enquanto que na programação tradicional os dados são passivos, ou seja, os procedimentos atuam sobre os dados.

3.2 — COMPONENTES DA ORIENTAÇÃO A OBJETOS

Todos esses conceitos são implementados pelas classes e pelos objetos, que são os principais componentes da orientação a objetos.

3.2.1 — Classes

Uma classe é um modelo de onde os objetos são criados (instanciados). Os objetos de uma mesma classe possuem a mesma estrutura e comportamento. As classes são uma extensão dos tipos de dados nas linguagens de programação tradicionais, para que os procedimentos sejam acoplados aos dados.

Para se criar um objeto em geral, envia-se uma mensagem à classe instruindo para que um objeto seja criado. Devido a esse fato, pode-se considerar as classes como objetos, que têm como função "fabricar" os objetos. De outro ponto de vista, pode-se considerar as classes como um "molde" de onde os objetos são criados.

A declaração de uma classe é dividida em geral em duas partes: as variáveis de instância, e a sua interface, que são os métodos disponíveis para a classe.

Os objetos, quando criados, pertencem a uma única classe. Isso pode ser questionado, se considerarmos duas situações na vida real:

- Um objeto poderia ter várias facetas (ex.: a pessoa de nome José é Estudante, Funcionário e Pai), o que significa que José deveria pertencer a três classes simultaneamente.

- Um objeto pode evoluir com o decorrer do tempo, adquirindo e perdendo facetas (ex.: José forma-se e deixa de ser Estudante, passando a ser Desempregado, um dia torna-se

Pai), o que significa que o objeto deveria poder assumir ou perder características de diversas classes durante a sua existência.

Algumas linguagens possuem essas características, porém não fazem parte do modelo básico, e nas linguagens mais comuns elas não são implementadas. Isso é coerente com o fato que as variáveis de um programa não podem mudar de tipo durante a sua existência.

3.2.2 — Classes genéricas

Um tipo especial de classe que permite a generalidade são as classes *genéricas*. Um bom exemplo do uso de classes genéricas é o da implementação de estruturas de dados, digamos, uma árvore de busca binária. Em uma linguagem de programação sem a possibilidade do uso de classes genéricas, será necessário criar uma versão do programa ou função para cada tipo dos dados a serem armazenados na árvore. Isso cria dificuldades, pois na nova versão podem ocorrer erros de tradução, além do que, se forem encontrados erros ("bugs") em uma versão, provavelmente todas as versões terão que ser corrigidas. Com a utilização das classes genéricas, será necessária apenas uma versão da árvore, sendo o tipo, ou melhor, a classe a ser armazenada definida somente durante a execução do programa, passada como parâmetro para a classe quando o objeto é criado. Por esse motivo, as classes genéricas são conhecidas também como *classes paramétricas*.

3.2.3 — Objetos

Os objetos, como já citado, são instâncias das classes. Pode-se fazer um paralelo entre os objetos e as variáveis, assim como podemos fazer entre as classes e os tipos de dados. Uma das diferenças é que os objetos são criados durante a execução do programa, e podem deixar de existir, podem ser destruídos. Uma variável global não deixa de existir depois de ser declarada em uma linguagem comum.

Um objeto é composto por:

- *estado interno*, que é composto por variáveis que podem armazenar dados; pode ser modificado ao longo da vida do objeto.
- *comportamento*, que é um conjunto de ações predefinidas (métodos), com as quais os objetos respondem às mensagens enviadas por outros objetos.

Dois tipos de métodos especiais são definidos na POO: os métodos *construtores* ("constructors") e os *destrutores* ("destructors"). O método construtor é chamado no momento em que o objeto é criado, permitindo que o seu estado interno seja iniciado com valores adequados. O método destruidor é chamado no momento em que o objeto deixa de existir, permitindo liberar alguma porção de memória que esteja sendo reservada pelo objeto que vai deixar de existir, ou executar outra ação que seja necessária antes que o objeto seja apagado da memória.

32 *ORIENTAÇÃO A OBJETOS (OO)*

3.2.4 — Identificador de Objeto (OID)

Quando se cria um objeto, ele recebe um identificador, que o diferencia de todos os demais objetos durante a sua existência. Em geral, o endereço de memória do objeto é utilizado como OID, apesar de isso ser indesejável, uma vez que a posição de memória do objeto pode ser alterada, por exemplo em uma paginação de memória, ou mesmo pelo próprio código do programa.

O OID introduz novos conceitos de comparação e de cópia de objetos. Considerando duas variáveis que armazenam OIDs de objetos, podemos classificar a igualdade de duas formas:

- Se dois objetos são iguais, ou seja, se todas as variáveis de instância dos objetos possuem o mesmo valor, mas as variáveis que armazenam os OIDs contêm valores distintos.
- Se dois objetos são, na realidade, o mesmo objeto, ou seja, se duas variáveis armazenam o *mesmo* OID.

Se o modelo de dados não possuir OIDs, como por exemplo o MR, no primeiro caso se os valores armazenados em duas linhas forem iguais, trata-se obrigatoriamente da mesma linha, o que é chamado de *semântica por valor*. Se o sistema possuir OIDs, dizemos que possui *semântica por identificador*.

Para ilustrar as operações de cópia vamos considerar o comando:

$$b \leftarrow c$$

Vamos supor ainda que b tem como variável de instância um outro objeto qualquer d. Esse comando pode ter até três operações distintas:

- Compartilhamento: b passa a apontar para o objeto apontado por c, ou seja, b recebe o OID que c armazena.
- Cópia rasa ("shallow copy"): b passa a apontar para um novo objeto, com identidade própria, porém os objetos que compõem b são compartilhados com c.
- Cópia profunda ("deep copy"): b passa a apontar para um novo objeto; todos os objetos que compõem c são copiados em b.

Sem os OIDs, não há possibilidade de compartilhamento, somente cópia.

A Figura 27 ilustra o exemplo.

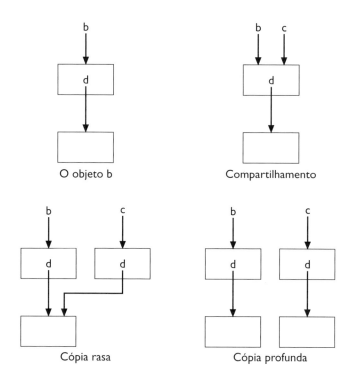

Figura 27: Tipos de cópia de objetos

3.3 — REFERÊNCIAS

Como referências sobre a Programação Orientada a Objetos podemos citar o livro de Page-Jones [PAG 95], a dissertação de mestrado de Dilma Silva [SIL 90] e o livro de Takahashi [TAK 90]. A linguagem SIMULA, descrita em [POO 87], foi apresentada em 1966 por Dahl [DAH 66]. A definição inicial da linguagem C++ está em [STR 86]. A da linguagem Smalltalk, por sua vez, pode ser encontrada em [GOL 83]. A identidade de objetos é discutida por Khoshafian em [KHO 86].

4

Bancos de Dados Orientados a Objeto

Um Banco de Dados Orientado a Objeto é basicamente um sistema em que a unidade de armazenamento é o *objeto*, com o mesmo conceito das linguagens de programação orientadas a objetos. A diferença fundamental é a *persistência* dos objetos, ou seja, os objetos continuam a existir mesmo após o encerramento do programa. Podemos classificar sistemas que oferecem persistência a objetos em quatro categorias, de acordo com sua arquitetura:

- Sistemas de Bancos de Dados Estendidos. Nessa arquitetura enquadram-se os sistemas baseados em algum SGBD com extensões para acrescer algumas características da Orientação a Objetos, tais como OIDs, métodos, classes, etc. O Postgres, UniSQL e o Starbust são exemplos de extensões do MR. O modelo de dados do Iris é uma extensão do modelo funcional de linguagem de programação. Por sua vez, o CACTIS possui um modelo de dados parcialmente baseado no MER.

- Linguagens de Programação de Bancos de Dados. A segunda arquitetura é representada por sistemas que estendem linguagens de programação como C++ ou Smalltalk com persistência de objetos, controle de transações, concorrência e outras características próprias de SGBD. O sistema pode também possuir uma linguagem própria de declaração e manipulação de dados. A maioria dos sistemas conhecidos possui essa arquitetura, como por exemplo o O_2, ObjectStore, ONTOS, Vbase, GemStone, Orion, Poet, Versant, JASMINE, entre outros.

- Gerenciadores de Objetos. Nesse caso temos pacotes que fornecem extensões a sistemas de arquivos ou de memória virtual para fornecer persistência dos objetos. Esses sistemas não possuem todas as características das linguagens de programação de banco de dados, e são úteis quando se precisa da persistência dos objetos, sem a necessidade de recursos mais complexos. Como exemplo dessa arquitetura citamos o POMS e o ObServer.

- Geradores de Sistemas de Bancos de Dados. Esses sistemas permitem que o modelo de dados seja definido pelo usuário, para uma aplicação particular. Como exemplos desses sistemas, destacamos o GENESIS e o EXODUS.

36 BANCO DE DADOS ORIENTADOS A OBJETOS

Neste trabalho vamos tratar apenas das duas primeiras arquiteturas, que na maioria dos casos são consideradas como sendo BDOOs, pois os Geradores de Sistemas de Bancos de Dados a princípio podem gerar qualquer tipo de banco de dados, e os Gerenciadores de Objetos apenas cuidam do armazenamento dos objetos, e não dos outros aspectos dos Bancos de Dados, como a linguagem de programação, de consulta, controle de concorrência, transações, etc.

Em 1989 Atkinson apresentou o que é considerado a primeira definição dos BDOO. Nesse artigo algumas características são consideradas obrigatórias:

1. Persistência
2. Objetos complexos
3. Identidade forte dos objetos
4. Encapsulamento
5. Tipos ou classes
6. Herança
7. Sobrecarga de operadores, redefinição de métodos e acoplamento tardio
8. "Completeza" computacional
9. Extensibilidade
10. Gerenciamento do armazenamento secundário
11. Controle de concorrência
12. Recuperação de falhas
13. Consultas *ad hoc*

Nas linguagens de programação orientada a objetos, já temos a presença dos itens 2, 4, 5, 6, 7 e 8. As características 1, 10, 11, 12 e 13 são típicas de sistemas de bancos de dados. Vamos analisar algumas características principais, que diferenciam os BDOO das linguagens de programação.

4.1 — PERSISTÊNCIA DOS OBJETOS

Sem dúvida, a característica que diferencia os BDOO em relação às linguagens de programação orientadas a objetos é a persistência dos objetos. Nas linguagens de programação, os objetos existem apenas durante a execução do programa. Nos BDOO, os objetos podem continuar existindo mesmo após o encerramento do programa, tendo seu estado armazenado em um meio físico persistente (normalmente, o disco rígido). A forma pela qual o objeto se torna persistente depende de cada sistema. No O_2, o comando *name* torna um objeto persistente. Em outros sistemas, como no Poet, todos os objetos de uma classe são persistentes, se esta for declarada como uma classe persistente. No ObjectStore objetos de qualquer classe podem tornar-se persistentes, o que é definido no momento da construção do objeto. Especificamente, podemos considerar as seguintes formas de tornar um objeto persistente:

ENCAPSULAMENTO   37

1. Por tipo (classe): Como no caso do Poet, os objetos pertencentes às classes assim declaradas serão persistentes.

2. Por chamada explícita: No O_2 o objeto pode tornar-se persistente após sua criação, através do comando *name*. No ObjectStore, na criação do objeto um comando especial o torna persistente.

3. Por referência: Alguns sistemas adotam esse sistema, em que objetos referenciados por objetos persistentes (objetos *raízes*) também tornam-se persistentes, como no caso do O_2.

Normalmente são preferidas as alternativas dos itens 2 e 3, pois permitem a *ortogonalidade* entre os tipos e a persistência do objeto, ou seja, é desejável que qualquer tipo de objeto possa ou não ser persistente, dependendo da necessidade da aplicação.

4.2 — OBJETOS COMPLEXOS

Para a representação direta de objetos complexos, com muitas partes e várias associações, como listas de composição de peças e outras características complexas, que não possuem representação direta no MR (exigindo uma relação auxiliar), é proposta a utilização do modelo de dados das linguagens orientadas a objetos. Notamos que a 1FN não é respeitada nos BDOO, pois podemos representar em um objeto valores não atômicos, como conjuntos, listas, vetores ou mesmo outros objetos. Como ocorre tradicionalmente em linguagens orientadas a objetos, a representação é facilitada justamente por esse fato (não normalização). No MRNN os objetos complexos teriam representação mais ortogonal, pois tudo é relação. Lamentavelmente, não houve nenhuma extensão de um MRNN para conter algumas características da orientação a objetos. Procuraremos sanar essa lacuna na proposta do capítulo 8.

4.3 — IDENTIFICADOR DE OBJETO (OID)

Nos BDOO, os objetos possuem uma identidade mais forte que nas linguagens de programação, pois continuam existindo mesmo após a execução do programa e podem voltar a ser utilizados, na próxima execução, ou mesmo ser por outro programa simultaneamente. O identificador de objeto deve ser único e imutável, durante toda a existência do objeto. Nas linguagens de programação, os objetos podem existir somente durante a execução atual do programa. O sistema deve fornecer de alguma forma os OIDs únicos quando os objetos são criados.

Como os OIDs são identificadores únicos, válidos para todo o banco de dados, eles são utilizados nos BDOO também para estabelecer relacionamentos entre objetos, além de servirem como uma forma de se recuperar os objetos do banco de dados. O usuário não deve ter acesso ao valor do OID, nem mudar o seu valor. Nesse sentido, aproximam-se do conceito do "surrogate" do RM/T.

4.4 — ENCAPSULAMENTO

O conceito de encapsulamento continua sendo utilizado, porém, quando se faz uma consulta ao banco de dados, não é possível prever todas as consultas e atualizações que o usuário possa desejar. Assim, não se pode agregar todos os métodos nas classes de antemão.

38 BANCO DE DADOS ORIENTADOS A OBJETOS

No próprio artigo original de Atkinson, é admitido que o conceito de encapsulamento não é adequado aos BDOO em algumas situações. O encapsulamento é uma das características principais da orientação a objetos, e a sua não utilização nos BDOO pode descaracterizar parcialmente a orientação a objetos.

Na maioria dos BDOO, como no caso da linguagem C++, a restrição (1) citada no item Encapsulamento (Item 3.1.3) é relaxada, especialmente nos sistemas em que há uma linguagem de consulta. Em geral, nesses sistemas é permitido que o usuário tenha acesso direto às variáveis de instância do objeto, pois elas eventualmente contêm os atributos das relações.

4.5 — ACESSO AOS DADOS: LINGUAGENS DE PROGRAMAÇÃO E DE CONSULTA

O acesso aos dados armazenados é feito basicamente de duas formas: por uma linguagem de programação, através dos OIDs dos objetos, ou através de uma linguagem de consulta, em geral derivada da SQL.

O acesso aos dados através de linguagem de programação vem tentar resolver uma das principais críticas aos SGBD relacionais, o chamado *não-casamento de impedâncias* ("impedance mismatch"). Quando é utilizada uma linguagem de programação qualquer para se desenvolver uma aplicação que utilize dados armazenados em um banco de dados baseado no MR, é necessário compatibilizar os dados obtidos nos acessos efetuados na linguagem de consulta para as estruturas de dados da linguagem, já que a única estrutura do MR é a relação. Por exemplo, para se gravar no banco de dados uma estrutura tipo "record" do Pascal, com vários níveis, será necessário subdividir todos os seus campos para os atributos de nome correspondentes em uma linha da relação, e o contrário ocorre quando este faz a leitura a partir do banco de dados. Ou seja, é necessário desestruturar os dados para que possam ser representados em uma única linha, e reestruturá-los quando a linha é lida no banco de dados. Se a estrutura contiver conjuntos, vetores ou outro tipo de atributo multivalorado, será necessário até mesmo gravar os dados de uma única estrutura em várias relações separadas. Quando se usa uma linguagem e um banco de dados que possuem dados com a mesma estrutura, esse trabalho é poupado, implicando em diminuição de código e de tempo de execução, além de possibilitar o compartilhamento de estruturas entre aplicações.

As linguagens de consulta atendem à característica 13, permitindo consultas *ad hoc*. porém, como destacado no item anterior, em geral violam o encapsulamento da orientação a objetos.

4.6 — COMPLETEZA COMPUTACIONAL

A completeza computacional pode ser atingida com as linguagens de programação persistentes. Uma das críticas ao modelo relacional, além da dificuldade de representação e modelagem dos dados, é a de que as linguagens de consulta não são computacionalmente completas, ou seja, nem todas as consultas podem ser formuladas. De fato, SQL, QUEL e QBE não são linguagens de programação, e sim de acesso aos arquivos do Banco de Dados.

Por exemplo, no esquema da Figura 11 (auto-relacionamento) não é possível formular uma consulta que liste todas as peças que compõem uma dada peça em todos os níveis de composição, através do SQL padrão. Esse problema foi elegantemente resolvido na linguagem QBE. Porém, em alguns sistemas, como por exemplo no SYBASE (13)[1], ORACLE (14) ou SQL Server, o SQL possui extensões que incluem controle de fluxo ("while"), condicionais ("if..then..else"), desvio ("goto") além dos cursores já existente na proposta original do SQL ("SEQUEL"), que permitem o processamento linha a linha da relação, que diminui consideravelmente este problema, introduzindo no entanto uma desvantagem enorme: o tratamento passa a ser "procedural" e não declarativo (isto é, um comando é a definição de um conjunto como em SQL).

4.7 — VERSÕES DE OBJETOS

Uma característica presente em alguns sistemas é o controle de versões de objetos. Nos sistemas de CAD ou CASE, pode ser necessário o armazenamento de versões anteriores dos objetos, para que se possa retornar a um estado anterior do banco de dados, para o caso por exemplo, do novo objeto possuir algum erro.

Outra situação pode ocorrer quando houver modificação nos métodos ou na estrutura dos objetos, quando é desejável manter uma versão já estável e testada do objeto enquanto a nova versão do objeto ainda é testada.

No sistema Postgres, o sistema mantém dados históricos, de forma que se pode consultar o estado do banco de dados no passado. Por exemplo, pode-se consultar o salário que um funcionário possuía em uma data determinada. Esse é um dos únicos sistemas que tem essa característica.

4.8 — CONTROLE DE TRANSAÇÕES

Nos BDOO, o controle de transações difere das aplicações tradicionais. Podem ser necessárias transações de longa duração, como por exemplo em sistemas de CAD, onde um projetista pode trabalhar no desenho de uma determinada peça durante um longo tempo, podendo chegar a alguns dias ou até alguns meses.

A recuperação de falhas também possui características particulares, como no caso do projetista citado anteriormente. No caso de falha do sistema, pode ser desejável que o sistema recupere o estado mais avançado possível, para evitar uma grande perda de trabalho. Isso contraria a atomicidade das transações em geral presente nos SGBD relacionais, o que neste caso poderia fazer com que todo o trabalho do projetista se perdesse, ao recuperar o estado antes da transação ser iniciada ("rollback"). É necessária a introdução do conceito de *transação lógica*, isto é, o usuário define a seqüência de transações que deve ser considerada como atômica para o efeito de recuperação em caso de falhas (nesse caso, o estado volta ao que era no início da transação lógica). Tradicionalmente, um par de comandos "start transaction" e "end transaction" (ou "commit") é usado para resolver esse problema.

---

[1] A partir deste ponto o número entre parênteses representa uma referência da Internet, apresentada no Apêncide 2.

40 *BANCO DE DADOS ORIENTADOS A OBJETOS*

4.9 — EXTENSIBILIDADE

Todos os Bancos de Dados possuem tipos básicos de dados: inteiros, reais, strings, caractere, que são predefinidos. Nos BDOO, os novos tipos de dados criados pelo usuário não podem ter diferença de tratamento em relação aos tipos predefinidos, pelo menos na visão do usuário, o que geralmente não ocorre no MR. Nele, os tipos de dados que podem ser armazenados nas células são em geral predefinidos e não se pode criar novos tipos para serem armazenados nas relações.

4.10 — BDOO DISTRIBUÍDOS

Todos os conceitos dos BDOO são ortogonais à distribuição, portanto os sistemas de BDOO podem ser distribuídos. Um exemplo de sistema que implementa um BDOO distribuído é o ORION-2, cujas características de implementação são apresentados por Kim [KIM 91].

4.11 — RELACIONAMENTOS

Normalmente, os BDOO, a exemplo do MR, não possuem um elemento específico no sistema para a representação dos relacionamentos entre os objetos. Isso é feito através de variáveis de instância que armazenam o OID do objeto relacionado. Por exemplo, em um objeto Automóvel deve ser inserido entre suas variáveis de instância a variável Proprietário, que contém o OID do dono do automóvel. Isso pode causar confusão em alguns sistemas, já que outras variáveis de instância que guardam informações sobre peças ou características do automóvel serão todas misturadas com os objetos relacionados com o automóvel. Além disso, a inserção de um atributo Proprietário dentro de Automóvel dá a impressão de que o primeiro pertence ao segundo; em outras palavras, não se está especificando claramente que se trata de um relacionamento, como faremos em nossa proposta no capítulo 8. Finalmente, os atributos do relacionamento precisam ser duplicados quando os relacionamentos são "N para N" (no exemplo, a classe Proprietário conterá uma variável Automóvel, e a Data de Aquisição deverá estar em ambos, por isometria).

Alguns sistemas implementados mantêm a integridade referencial, isto é, por exemplo, se um objeto Automóvel for excluído do banco de dados, no objeto que contém uma referência a esse objeto, por exemplo, o Proprietário, essa referência terá automaticamente seu valor mudado para vazio ("null").

Uma estrutura especial para a representação de relacionamentos, como existe no MER, ajuda na organização do sistema, auxiliando na manutenção e tornando o esquema mais claro. Isso será obrigatório em nossa proposta (Capítulo 8).

4.12 — CONCLUSÃO

Para que um sistema de banco de dados seja considerado orientado a objetos, são consideradas as seguintes características: presença de OIDs, mecanismo de herança (única ou múltipla), métodos, objetos complexos e persistência de objetos. No capítulo a seguir, vamos mostrar vários sistemas que implementam essas características.

4.13 — REFERÊNCIAS

A classificação dos sistemas de persistência de objetos foi feita por Segundo Cattell no livro [CAT 91]. Uma descrição sobre o Starbust pode ser encontrada nos artigos [HAA 90] e [LOH 91]. O artigo [BAT 86] discorre sobre o sistema Genesis e [CAR 89] sobre o Exodus. Um dos primeiros artigos definindo os BDOO foi escrito por Atkinson et al. [ATK 89].

5

Exemplos de BDOO

Nos últimos anos foram produzidas muitas implementações de sistemas de BDOO, entre protótipos de empresas comerciais, universidades e produtos comerciais. Como exemplos, podemos citar o O_2, ObjectStore (3), Poet (2), Versant (5), Orion (12), Iris, Postgres, UniSQL (10) entre muitos outros.

A seguir vamos apresentar as principais características de alguns sistemas existentes, dando destaque às linguagens de definição e de manipulação de dados.

Para o exemplo de definição de dados, usaremos o diagrama de Entidades e Relacionamentos da Figura 24, que seria uma parte do diagrama de uma seção de alunos de uma faculdade. Para mostrar a manipulação de dados, vamos tentar obter um histórico escolar de um aluno e a listagem com as suas notas de uma certa disciplina, em um determinado semestre.

A sintaxe das linguagens de definição e manipulação de dados não pôde ser testada em todos os sistemas, portanto pode não estar 100% correta. Procuramos apenas mostrar os conceitos básicos do modelo de dados de cada sistema.

5.1 — O_2

O sistema O_2 é um projeto iniciado na França em 1988. Até 1991 o projeto era experimental e, com o fim do convênio que o financiava, tornou-se um produto comercial. Foi criada uma empresa, a O_2 Technology, que o passou a comercializar e desenvolver. O O_2 pode ser executado em estações Sun Sparc, HP9000, IBM RISC System 6000, Bull DPX/20, Silicon Graphics, SNI RM, Dec Alpha e INTEL. O sistema fornece um ambiente gráfico para criação de telas, o O_2Look, e um "browser" para percorrer os objetos no banco de dados. É fornecido também um ambiente integrado para a programação, com um compilador e depurador integrados. Para facilitar a migração a partir de SGBD relacionais, há ferramentas de conversão e migração (O_2DBAccess). Nas versões mais recentes foi incorporado uma

44 *EXEMPLOS DE BDOO*

ferramenta de ligação do banco de dados à WWW (World Wide Web), que permite que objetos armazenados no banco de dados sejam exibidos em páginas HTML (O_2WEB). O sistema permite integração com as linguagens C e C++, e mais recentemente Java.

5.1.1 — Tipos de dados e declaração de métodos

A declaração dos dados é feita através de uma linguagem que é uma extensão da linguagem C, o O_2C.

A linguagem possui herança múltipla. Os tipos primitivos do O_2 são boolean, character, integer, real, string, e bit. São disponíveis também os construtores de tipos complexos de dados, que podem ser aplicados recursivamente: Tuple, List e Set. Não há diferença na declaração de objetos persistentes e não persistentes, o que mantém a ortogonalidade dos tipos e a persistência.

Abaixo, mostramos o exemplo do departamento declarado com o O_2C:

```
Class Pessoa
  type tuple(nome: string
             RG: string
             endereço: string)

  method Muda_Endereço(novoEndereço: string)
end

Class Departamento
  type tuple(nome: string
             sala: integer
             telefone: string
             chefe: Pessoa
             disciplinas: set(Disciplina))
end

Class Disciplina
  type tuple(nome: string
             Dept_Resp: Departamentos
             Alunos_disc: Set(tuple(Alunos: aluno,
                                     Notas: real,
                                     Semestre: string)))
end

Class Aluno inherit Pessoa
  type tuple(num_USP: string
             disciplinas: Set(tuple (Disciplinas: Disciplina,
                                      Notas: Real
                                      Semestre: string)))
end
```

Note-se que, contrariamente ao MER e ao MR, usamos os nomes das classes no singular. De fato, a classe é uma extensão de um tipo, e não se refere a um conjunto, como por exemplo um conjunto de entidades e uma relação.

O relacionamento N para N pode ser representado de duas formas: através de uma ligação dupla, com dois conjuntos de objetos interligados, como no exemplo acima, ou decompondo o relacionamento, como na implementação a seguir:

```
Class Disciplina
  type tuple(nome: string
             Dept_Resp: Departamento
             Mats: Set(Matrículas))
end

Class Aluno inherit Pessoa
  type tuple (num_USP: string
             Mats: Set(Matrículas ))
end

Class Matrículas
  type tuple (Disc: Disciplina,
             Al: Aluno,
             nota: set (real),
             SemAno: string)
  method Calcula_nota_final: real
end
```

O O_2 garante automaticamente a integridade referencial nos relacionamentos. Quando um objeto referencia outro objeto que também o referencia, o sistema detecta este fato, mantendo a integridade das variáveis, ou seja, se um dos objetos for excluído do banco de dados, o sistema automaticamente torna as referências a este objeto nulas.

5.1.2 — Persistência e Manipulação de Dados:

Para fazer um objeto tornar-se persistente, usa-se o comando add name, que faz com que o OID de um objeto seja associado a um nome de uma variável, para ser recuperado posteriormente. O comando delete name faz com que seja retirada essa associação entre OID do objeto e a variável. Outra forma de um objeto se tornar persistente é ser referenciado por um outro objeto que já é persistente, chamado *raiz* ("persistent root").

```
/* Cria objeto aluno persistente */
add name Eugenio: Aluno;
/* Cria conjunto de alunos persistente */
add name AlunosDoBCC: set(Aluno);
/* Cria um aluno, a princípio, não persistente */
Francisco: Aluno;

run body {
  Eugenio.Nome = "Eugênio Akihiro Nassu";
  /* modificando/iniciando o objeto Aluno */
  ...
  AlunosDoBCC += set(Eugenio);
  /* colocando o Aluno em um conjunto */
```

46 *EXEMPLOS DE BDOO*

```
AlunosDoBCC += set(Francisco);
/* o aluno Francisco também se torna
   persistente pois é referenciado por um objeto persistente */
}
```

A manipulação dos dados no O_2 pode ser feita de duas maneiras: através da sua linguagem de programação, o O_2C, ou pode-se fazer consultas com o OQL, que pode ser utilizada como um comando do O_2C ou como uma linguagem de consulta interativa, do tipo SQL. A modificação e a exclusão dos dados é feita com a linguagem O_2C.

```
run body
{
...
  // obtém ponteiro para Aluno Eugênio
  for( p in AlunosDoBCC where p.Nome=="Eugênio Akihiro Nassu )
    printf( "Endereço de %s é %s", p.Nome, p.Endereco );
...
  // este método modifica endereço do aluno
  p.MudaEndereco( "Alameda Barros 380" );
...
  // Exclui o aluno do Banco de Dados.
  AlunosDoBCC -= set( p );
...
}
```

Para exemplificar o uso da linguagem de consulta no O_2, vamos fazer as seguintes tarefas, utilizando os esquemas anteriores, com a linguagem OQL: fazer uma lista de notas de uma disciplina e o boletim de notas de um aluno em um semestre:

```
select tuple (Aluno: m.Al.Nome, Nota: m.nota)
from m in Matriculas
where m.Disc.nome = "MAC-110" and m.SemAno = "1/95"

select tuple (Disciplina: m.Disc.Nome, Nota: m.nota)
from m in Matriculas
where m.Al.Nome = "Eugenio Nassu" and m.SemAno = "1/95"
```

Notamos a semelhança das consultas com a linguagem SQL. Um dos pontos distintos é a forma com que os dados de outra classe são consultados, através de uma expressão com um caminho, por exemplo, m.disc.nome. O "join" não precisa ser declarado explicitamente, pois os objetos relacionados são encontrados através dos OIDs.

5.2 — OBJECTSTORE

O ObjectStore é um banco de dados produzido pela Object Design Inc. O principal objetivo desse sistema é tornar a linguagem C++ uma linguagem para banco de dados. Uma das principais características do sistema é a uniformidade de tratamento de objetos comuns e persistentes, sem grande perda de desempenho, graças a um esquema de uso de memória virtual: os objetos persistentes fazem parte da memória virtual, portanto ficam gravadas no disco. Quando se faz um acesso ao objeto, é gerada uma falha de página de memória no sistema, que faz com que o objeto seja carregado na memória principal.

O sistema é disponível para estações SUN sob SunOS, IBM RS/6000 sob AIX, DEC DS3100 sob Ultrix, HP 300/400/700 sob P/UX, DEC sob VMS e MS-Windows.

5.2.1 — Declaração de dados e métodos

O ObjectStore usa os tipos e a linguagem C++ como base. As declarações são quase idênticas ao C++, o que permite que programas escritos em C++ sejam convertidos para o uso do ObjectStore apenas com pequenas modificações. Há algumas classes predefinidas que implementam conjuntos e listas, com métodos para inserção e remoção, entre outras.

```
class Pessoa {
  char *nome;
  char *RG;
  char *endereco;

  void Muda_Endereço( Char *NovoEndereco );
}

class Departamento {
  char *nome;
  int  sala;
  Pessoa Chefe_Dept;
  os_set <Disciplina *> Disciplinas
    inverse_member Disciplina::dept_resp;
}

class Disciplina {
  char *nome;
  Departamento *dept_resp
    inverse_member Departamento::Disciplinas;
  os_set <Aluno *> Alunos
    inverse member Aluno::Disciplinas
}

class Aluno::public Pessoa {
  char *NumUSP;
  os_set <Disciplina *> Disciplinas
    inverse_member Disciplina::alunos;
}

class Matriculas {
  Disciplina *disc;
    inverse member Disciplina::Mats;
  Aluno *Al
    inverse member Aluno::Mats;
  float nota;
  char *sem_ano
```

48 *EXEMPLOS DE BDOO*

```
float NotaFinal;
}

class Disciplina {
  char *nome;
  Departamento *dept_resp
    inverse_member Departamento::Disciplinas;
  os_set <Matriculas *> Mats
    inverse member Matriculas::disc;
}

class Aluno::public Pessoa {
  char *NumUSP;
  os_set <Matricula *> Mats
    inverse_member Matriculas::al;
}
```

O comando inverse member faz com que seja mantida a integridade referencial, mantendo os ponteiros para objetos com valores válidos. O os_set é uma classe paramétrica, que implementa conjuntos de objetos.

5.2.2 — Persistência e manipulação de dados:

Para guardar um objeto no banco de dados no ObjectStore, devemos declarar uma variável do tipo database, abrir o arquivo, incluir e excluir, usando para isso os métodos new e delete. Vamos mostrar um exemplo a seguir.

```
#include <objectstore/objectstore.H>
#include <records.H>

main(){

  // declara uma variável banco de dados
  database *db;

  // abre um banco de dados
  db = database::open("dados/IME");

  // inicia transação
  transaction::begin();
  // cria conjuntos persistentes
  os_set <Aluno *> Alunos = os_Set(Aluno *)::create(db);
  os_set <Departamento *> Depts = os_Set(Departamento *)::create(db);
  os_set <Disciplina *> Disciplinas =
                                os_set(Disciplinas *)::create(db);
  .
  .
  .
  // cria novo objeto. Já é criado como persistente, pela extensão do
  // operador new
  aluno a = new(db) aluno ("Eugênio");
  // insere objeto no conjunto
```

```
  Alunos->insert(a);
  // grava as alterações em definitivo
  transaction::commit();
}
```

Para recuperar um elemento no conjunto do banco de dados, seriam usados os seguintes comandos:

```
     .
     .

     .
  // Retorna conjunto com todos os alunos chamados Eugênio
  os_Set<Aluno *> Aluno_Procurado = Alunos[ :nome=="Eugênio" ];
  // Retorna conjunto com as matérias chamadas MAC-110
  os_Set<Disciplina *> DiscDesejada = Disciplina[ :nome=="MAC-110" ];
  // Encontra elemento desejado no conjunto
  Lista_notas = DiscDesejada->Matriculas[ :sem_ano=="1/95" ];

  //imprime lista de notas
  foreach( Matricula m, Lista_notas )
    printf( "%s %f", m->al->nome, nota );

  boletim=Aluno_Procurado->Matriculas[ :sem_ano=="1/95" ];
  //imprime boletim de aluno
  foreach(matricula m, boletim)
    printf( "%s %f", m->disc->nome, nota );
```

A única diferença para a linguagem C++ normal é a presença de extensões para a manipulação dos conjuntos, foreach e a extensão utilizada no exemplo para a busca de elementos no conjunto que satisfaçam a condição indicada. Até o momento de nossa pesquisa, o sistema não possuía linguagem de consulta *ad hoc* como a OQL do O_2.

5.3 — ORION

O Orion consiste de uma série de protótipos de BDOO, que possui três versões: Orion-1, Orion-1SX e Orion-2. O Orion-1 é um sistema monousuário e multitarefa. O Orion-1SX é um sistema cliente/servidor, em uma arquitetura em que as estações de trabalho são "diskless", e não tem banco de dados para gerenciar, que é controlado pelo servidor. O Orion-2 é um sistema distribuído, onde todas as estações participam no controle do banco de dados compartilhado. Esse era originalmente um projeto de pesquisa, e agora é um produto comercial, denominado ITASCA, que é comercializado por uma empresa denominada IBEX.

Todas essas versões foram implementadas em Common LISP, em uma máquina 3600 LISP, sendo também disponível para estações SUN, sob sistema UNIX.

Os sistemas Orion possuem características próprias, como o suporte a versão de objetos bastante desenvolvido, assim como uma semântica para objetos compostos. O Orion-2 possui caraterísticas adequadas para sistemas distribuídos, tais como melhor controle de acesso a objetos, controle de versões também para o esquema do banco de dados, e uma semântica mais geral para os objetos compostos.

50 *EXEMPLOS DE BDOO*

5.3.1 — Declaração de dados

A linguagem utilizada pelos sistemas Orion é extensão do LISP, no qual eles foram implementados. O Orion fornece herança múltipla. Vamos mostrar a seguir o exemplo:

```
(make-class Pessoa
    :superclasses nil
    :attributes ((Nome      :domain string)
                 (RG        :domain string)
                 (endereço  :domain string))
)

(make-class Departamento
    :superclasses nil
    :attributes ((Nome        :domain string)
                 (Sala        :domain integer)
                 (chefe       :domain Pessoa)
                 (disciplinas :domain (set-of disciplina)))
)

(make-class Disciplina
    :superclasses nil
    :attributes ((nome      :domain string)
                 (DeptResp  :domain departamento)
                 (Mats      :domain (set-of Matricula)))
)

(make-class Aluno
    :superclasses Pessoa
    :attributes ((NumUSP    :domain string)
                 (Mats      :domain (set-of Matricula)))
)

(make-class Matricula
    :superclasses nil
    :attributes ((Disc      :domain Disciplina)
                 (Al        :domain Aluno)
                 (nota      :domain real)
                 (SemAno    :domain string))
)
```

A Manipulação de dados é feita com a linguagem LISP, com extensões semelhantes à SQL. Vamos mostrar alguns exemplos de consultas:

```
select: Al nome, nota from Matricula
  where: Disc Nome = "MAC-110" and: SemAno = "1/95"

select: M Disc nome, nota from Matricula
  where: M Al nome = "Eugênio Akihiro Nassu" and: SemAno = "1/95"
```

Notamos grande semelhança dessas consultas com as formuladas para a OQL, do O_2.

5.4 — GEMSTONE

O GemStone foi desenvolvido pela Servio Logic. A idéia inicial do sistema é a de transformar a linguagem Smalltalk em uma linguagem para banco de dados, de onde surgiu a linguagem de declaração e manipulação de dados, a linguagem OPAL. O sistema é composto basicamente por dois processos principais, o Gem e o Stone. O servidor Gem executa os métodos, além da avaliação das consultas. O monitor Stone é responsável pela alocação de OIDs, gerenciamento os objetos persistentes, controle de concorrência, autorização, transações, e serviço de recuperação. O Stone em geral reside na máquina servidora, enquanto o Gem pode ser executado no servidor ou em uma estação cliente. As servidoras podem ser máquinas VAX, SUN 3 e SUN 4, enquanto as máquinas clientes podem ser IBM PC, Macs, SUN3 e 4, ou Tektronix.

5.4.I — Declaração de Dados

A linguagem do GemStone, OPAL, como já mencionado, é baseada na linguagem Smalltalk. O GemStone oferece herança única, como a Smalltalk.

```
set subclass: `DiscSet'
  constraints: disciplina

set subclass: `MatSet'
  constraints: matricula

Object subclass `pessoa'
  instVarNames: #[ `nome' ,' RG' ,' endereço' ]
  constraints:   #[
    #[ #nome, string] ,
    #[ #RG, string] ,
    #[ #endereço, string]
  ] .

Object subclass: `departamento'
  instVarNames: #[ `nome' ,' sala' ,' chefe' ,' disciplinas' ]
  constraints:   #[
    #[ #nome, string] ,
    #[ #sala, integer] ,
    #[ #chefe, pessoa] ,
    #[ #disciplinas, DiscSet]
  ] .

Object subclass: `Disciplina'
  instVarNames: #[ `nome' , `depResp' ,' Matrs' ]
  constraints:   #[
    #[ #nome, string] ,
    #[ #depResp, departamento] ,
    #[ #Matrs, MatSet]
  ] .
```

52 *EXEMPLOS DE BDOO*

```
pessoa subclass: 'aluno'
  instVarNames: #['NumUSP','Matrs']
  constraints: #[
    #[ #NumUSP, string],
    #[ #Matrs, MatSet]
  ].

object subclass: 'Matricula'
  instVarNames: #['nota','SemAno','Disc','Al']
  constraints: #[
    #[ #nota, real],
    #[ #SemAno, string],
    #[ #Disc, Disciplina],
    #[ #Al, Aluno]
  ].
```

5.4.2 — Manipulação de dados

No GemStone, os conjuntos possuem um comando especial select, que seleciona os objetos que possuam uma condição, especificada dentro do comando. Esses comandos são semelhantes ao já mostrados no OBJECTSTORE.

```
Matriculas select:[ m|m.Al.nome='Eugênio' and m.SemAno='1/95']

Matriculas select:[ m|m.Disc.nome='MAC-110' and m.SemAno='1/95']
```

Nesses dois casos, foram selecionados os objetos com as condições correspondentes, sendo obtido um subconjunto do conjunto Matrículas.

5.5 — POSTGRES

O POSTGRES é um protótipo desenvolvido na Universidade da Califórnia, Berkeley, como sucessor do INGRES, banco de dados relacional, da mesma universidade. Atualmente existe uma versão comercial, denominada Miro. A última versão não comercial do sistema (Postgres 95) pode ser obtida gratuitamente naquela universidade, através do uso de comando de transferência de arquivos FTP da Internet.

O sistema foi escrito em C e possui cerca de 180.000 linhas de código. Ele pode ser executado em estações SUN3, SUN4, DECstation e máquinas Sequent Symmetry.

O POSTGRES é baseado num modelo relacional estendido, oferecendo objetos, OIDs, objetos compostos, herança múltipla, versões, dados históricos, e uma linguagem de consulta, POSTQUEL, extensão da linguagem do INGRES, QUEL. Uma descrição do modelo de dados no início do projeto foi feita por Rowe & Stonebraker.

Uma das características mais importantes do Postgres é a de armazenar dados históricos. Pode-se fazer uma consulta sobre o estado do banco de dados em um determinado momento do passado. Isto é possível devido à utilização de discos ópticos que armazenam o estado do banco de dados, depois de cada alteração. Um exemplo de utilização dessa característica é uma consulta sobre o salário de um funcionário há um ano atrás.

5.5.1 — Declaração de dados

O POSTGRES tem um modelo de dados baseado no modelo relacional. O sistema oferece um tipo abstrato de dados (ADT), para que se possa definir um novo tipo base de dados, que tem o mesmo status que um tipo primitivo do sistema.

O Postgres fornece um OID para cada elemento da relação. Vamos mostrar com o exemplo a definição do esquema:

```
create pessoa(nome = char[ 25] ,
              Endereço = char[ 30] ,
              RG = char[ 15]
key(RG)

create departamento(nome = char[ 25] ,
                     sala = int4,
                     chefe = pessoa,
                     disciplinas = postquel)
key(nome)

create disciplina(nome = char[ 25] ,
                  depResp = departamento,
                  Matriculas = postquel)

create aluno(numUSP = char[ 8] ,
             Matriculas = postquel)
inherits(pessoa)

create matricula(nota = float4,
                 SemAno = char[ 10] ,
                 Disc = disciplina,
                 Al = aluno)
```

O Postgres permite herança múltipla, portanto no comando inherits mostrado no exemplo, pode ser utilizado mais de uma relação.

As definições do tipo postquel são dadas posteriormente como uma especificação em linguagem POSTQUEL ("stored procedure"). Mostraremos exemplos de consultas POSTQUEL adiante.

A definição da chave primária da relação pode ser feita pela palavra chave key que pode definir um ou mais atributos como chave primária. Se um atributo for definido como parte da chave primária, o seu valor não poderá ser nulo em todas as tuplas da relação. Opcionalmente, pode-se definir o operador de igualdade a ser considerado. Por exemplo, suponha que a chave foi definida como um atributo seja derivado de um ADT definido pelo usuário. Se um atributo *Retângulo* foi definido como parte da chave primária, neste caso o operador de comparação deve ser definido, uma vez que vários operadores podem ser utilizados para a comparação de dois retângulos (ex., igualdade de área ou igualdade de coordenadas). Temos um exemplo abaixo em que o operador de igualdade de área (AE), define a igualdade de retângulos:

54 EXEMPLOS DE BDOO

```
create Figura( titulo = char[ 25],
               Item = retangulo )
key(Item using AE)
```

Para a definição dos atributos do tipo postquel primeiramente devemos definir uma função.

```
define function Encontra_Matricula( NumUSPal )
return matricula as
retrieve (matricula.all)
where aluno.NumUSP = NumUSPAl
```

Definida a função, podemos atribuir um valor para um objeto Aluno.

```
append to Aluno
( nome="Eugênio",
  endereco="Al. Barros 380",
  RG="15158215",
  NumUSP="1556952",
  Matriculas=Encontra_Matricula( "1556952" )
)
```

5.5.2 — Manipulação de dados

Como já mencionado, o Postgres possui uma linguagem de consulta derivada do QUEL. Vamos mostrar alguns comandos da linguagem, supondo feitas as definições anteriores:

Adiciona uma pessoa ao banco de dados:

```
append to pessoa (
  nome = "Eugênio Akihiro Nassu",
  endereco = "Rua São Pedro 444",
  RG = "12345678"
)
```

Para obtermos as notas do aluno Eugênio:

```
retrieve( A.nome, M.nota )
where A.nome = "Eugênio Akihiro Nassu"
```

Vamos mostrar um exemplo do uso de dados históricos:

```
retrieve (Func.Salário)
from Func[ T]
where Func.nome = "Eugênio"
```

Nessa consulta, obtemos o salário do funcionário Eugênio no instante T.

Outra característica importante da linguagem de consulta é a de percorrer o fecho transitivo de um esquema. Por exemplo, num esquema de parentesco, é possível obter todos os ancestrais de uma pessoa. Consideremos a classe:

```
Pai( velho, novo )
```

Os ancestrais de Eugênio pode ser obtido pela seguinte consulta:

```
retrieve* into resposta
(Pai.velho) from a in resposta
where Pai.novo = "Eugênio"
or parent.novo = a.velho
```

O asterisco (*) após o comando retrieve indica que a consulta deve ser executada até que o conjunto resposta não possa crescer mais.

Outra funcionalidade é a de percorrer as hierarquias de classes.

```
retrieve (E.nome) from E in pessoa*
where E.nome = "Eugênio"
```

Dessa vez o asterisco após a classe pessoa indica que a consulta deve procurar não só em todos os objetos da classe pessoa, mas também em todas os objetos de todas as classes descendentes da classe pessoa.

Além dos comandos append e retrieve apresentados acima, a linguagem possui os comandos delete e replace, respectivamente para a exclusão de um objeto e troca de um objeto por outro.

5.5.3 — Regras no Postgres

Uma característica importante do Postgres é o seu sistema de regras. Uma *regra* é uma ação executada no banco de dados, gerada por um determinado evento. Uma regra comum a todos os bancos de dados é a integridade referencial. Porém, em sua implementação o objetivo do sistema de regras é o de oferecer as seguintes funcionalidades: gerenciamento de visões, gatilhos ("triggers"), restrições de integridade, integridade referencial, proteção e controle de versões. Uma regra do Postgres tem a sintaxe apresentada a seguir.

```
ON evento (TO) objeto WHERE
qualificador-POSTQUEL
THEN DO [ instead]
comando(s)-POSTQUEL
```

Onde evento pode ser um comando retrieve, replace, delete, append, new (replace ou append) ou old (delete ou replace). O comando POSTQUEL é executado após o evento. O objeto se refere ao nome de uma classe ou de um atributo da classe. O qualificador POSTQUEL é um qualificador comum utilizado na linguagem POSTQUEL. O comando instead indica que a ação na regra deve ser executada no lugar da que gerou o acionamento da regra. Se o

56 *EXEMPLOS DE BDOO*

instead não estiver presente, o comando é executado em adição ao evento que o acionou. Os comandos POSTQUEL podem referenciar a new e current em lugar do nome da classe (valores durante a transição, antes do comando ser efetivado). Outro comando disponível para as regras é o comando refuse.

No exemplo a seguir, a regra implementa o fato que o salário do funcionário João deve ser o mesmo que o de José.

```
on new FUNCIONARIO.salario where
FUNCIONARIO.nome = "João"
then do replace E (salario=new.salario)
from E in FUNCIONÁRIOS
where E.nome= "José"
```

5.6 — IRIS

O gerenciador de banco de dados Iris é um protótipo de pesquisa desenvolvido nos laboratórios da Hewlett-Packard. O Iris foi implementado em linguagem C, em Estações Unix HP-9000/350. O Iris funciona como uma "casca", pois o armazenamento é feito em um Banco de Dados Relacional. Um tradutor se encarrega do acesso de dados e da tradução da linguagem de consulta.

O modelo de dados do Iris é baseado no modelo funcional, com extensões que o aproxima dos BDOO, como OIDs, herança múltipla, entre outras. A seguir, apresentamos um exemplo da linguagem de declaração de dados.

```
Create type Pessoa(
  Nome Charstring Required
  Endereco Charstring
  RG Charstring Required )

Create type Departamento(
  Nome Charstring
  Sala integer
  Chefe Pessoa
  Disciplinas Disciplina many )

Create type Disciplina(
  Nome Charstring
  DepResp Departamento
  Mats Matricula many )

Create type Aluno subtype of pessoa(
  NumUSP Charstring Required
  Mats Matricula many )

Create type Matricula(
  Disc Disciplina
  Al Aluno
  Nota Real
  SemAno charstring )
```

A consulta de dados no Iris é feita através de uma extensão do SQL, e é análoga à maioria dos sistemas apresentados.

5.7 — CACTIS

O Cactis é um BDOO, multiusuário desenvolvido na Universidade de Colorado para auxiliar a implementação de ferramentas CASE, de projeto de circuitos VLSI, entre outras aplicações que demandem uma boa capacidade para modelagem de dados, além de um bom desempenho. O sistema pode ser executado em estações SUN, e foi desenvolvido em linguagem C por estudantes da Universidade. Uma das características importantes da implementação desse sistema é o fato dele ser *auto-adaptativo*, isto é, a organização física e os algoritmos de atualização são mudados dinamicamente para reduzir o acesso a disco.

5.7.1 — Modelo de dados do Cactis

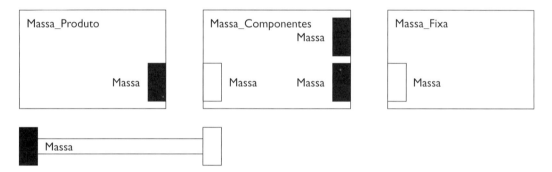

Figura 28: Entidades e relacionamentos do Cactis

O modelo de dados do CACTIS é um modelo incomum, se comparado à grande maioria dos BDOO. Como na maioria dos BDOO, os "objetos" do mundo real são modelados como classes de objetos, com atributos e métodos, porém, a interface do objeto com o mundo exterior é um conjunto de valores que podem entrar e sair do objeto, através de relacionamentos. Os relacionamentos por sua vez, se ligam aos objetos através de *conectores*. Nas linguagens OO, a interface do objeto com o exterior é um conjunto de mensagens reconhecidas pelo objeto. Um atributo do objeto pode ser *intrínseco*, quando o seu valor é simplesmente armazenado, ou *derivado*, quando seu valor é calculado a partir de uma *regra de avaliação*, associada ao atributo. Essa regra pode envolver cálculos a partir dos atributos intrínsecos e a partir de valores transmitidos a partir de relacionamentos. O tipo dos atributos pode ser qualquer tipo padrão da linguagem C.

Os relacionamentos no Cactis têm uma diferença grande em relação ao MER. Os membros de um relacionamento podem mudar dinamicamente durante a execução de um aplicativo, o que não ocorre no MER. Um relacionamento do Cactis é um tipo de "objeto" que serve para conectar objetos uns aos outros. Cada relacionamento no Cactis é dirigido, sendo que cada relacionamento possui dois conectores, um "preto" e um "branco". Outra informação na declaração dos relacionamentos são as variáveis que transitam pelo relacionamento. Isso

58 EXEMPLOS DE BDOO

é necessário, uma vez que não se sabe de antemão as classes que serão relacionadas. A interface dos objetos consiste de vários conectores, que se casam com conectores de relacionamentos. Vamos mostrar um esquema gráfico para exemplificar esse modelo. Consideremos três classes de objetos: Massa_Produto, Massa_Componentes, e Massa_Fixa, e um relacionamento Massa. Os objetos da Classe Massa_Produto, que possuem um conector preto, podem estar relacionados com quaisquer objetos que possuam conectores brancos, no caso Massa_Componentes ou Massa_Fixa, e esse relacionamento pode ser modificado durante a execução de uma aplicação, desde que os conectores estejam casados. Os métodos da classe Massa_Produto não têm conhecimento das classes que estão relacionadas ao objeto; somente os valores que trafegam pelo relacionamento Massa são conhecidos.

Suponha-se então que a partir de informações em suas variáveis de instância e mais os valores que trafegam a partir do relacionamento Massa, um objeto da classe Massa_Produto estime a Massa total de um produto. Os valores que trafegam no relacionamento são fornecidos por em objeto Massa_Componentes, que calcula os valores a transmitir a partir de outro objeto Massa_Componente e um objeto Massa_Fixa. Um esquema desse exemplo está na Figura 29.

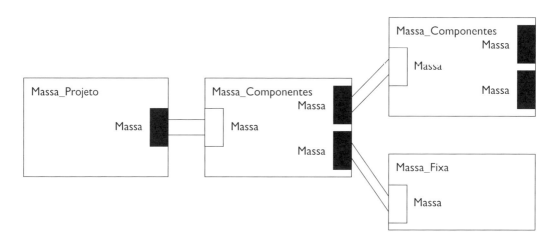

Figura 29: Esquema de exemplo do Cactis

Uma alteração no objeto Massa_Fixa ou Massa_Componente pode se propagar no cálculo da massa final. Os algoritmos de atualização, bem como a análise de sua eficiência são descritos no artigo de Hudson & King.

Vamos agora mostrar um exemplo de declaração de dados com a linguagem de definição de dados do Cactis.

```
Relationship type DepDisc multi Black
  Transmits
    sala: integer to white
end;

Relationship type DiscRel multi Black
```

```
Transmits
   codigo: string to white
   nome: string to white
end;

Relationship type AlunoRel multi White
  Transmits
    num_usp: string to black
    Nome: string to black
    RG: string to black
    endereço: string to black
end;

Object Type Pessoa
  Attributes
    Nome: string
    RG: string
    endereço: string
end;

object type Departamento
  Relationships
    disc: Black DepDisc
  attributes
    nome: string
    sala: integer
    chefe: pessoa
end;

object type AlunoDisc
  Relationships
    de_disc: white DiscRel
    de_aluno: black AlunoRel
  Attributes
    sem: integer
    nota: real
end;

object type Disciplina
  Relationships
    para_dep: white DepDisc
    para_aluno_disc: black DiscRel
  Attributes
    nome: string
    codigo: string
end;

object type aluno subtype of pessoa
  Relationships
    de_aluno_disc: white AlunoRel
  Attributes
    num_USP: string
end;
```

60 *EXEMPLOS DE BDOO*

Em cada relacionamento é necessário declarar os dados que transitam pelo relacionamento, bem como o seu sentido. Um dos conectores do relacionamento pode ser declarado como múltiplo (multi), para representar relacionamentos "1 para N".

O Cactis transforma essas declarações em estruturas de dados declaradas em linguagem C, que podem ser utilizadas em um compilador padrão. Até a versão pesquisada, não havia uma linguagem de consulta de alto nível implementada. Portanto, o acesso aos dados é feito com o uso da linguagem C.

5.8 — SIM

O SIM é um sistema comercial, desenvolvido pela Unisys. Ele é baseado em um modelo semântico similar ao SDM. No SIM, há dois tipos de atributos, *DVA* ("data-valued attribute") e *EVA* ("entity valued attribute"). Os atributos DVA são os de tipos comuns, como inteiro, caractere ou "string", enquanto que os EVA são atributos que associam a classe a outra(s), representando relacionamentos entre as classes. O SIM é um dos únicos sistemas a fazer esse tipo de distinção. Outra característica do sistema é a presença de atributos multivalorados. Mostramos a seguir um exemplo de declaração de dados do SIM.

```
Class Pessoas (
  nome: string[ 30] ;
  RG: integer, unique, required;
  endereco: string
  profissao: subrole( Aluno, Professor, chefe_dep ) mv
);

Class Alunos (
  NumUSP: integer, unique, required;
  Matricula: Matriculas, mv, max 10;
);

Class Departamentos (
  nome: string[ 20] ;
  sala: integer;
  chefe: pessoa inverse is Dep_chefiado;
  Disciplina: Disciplinas inverse is Dep_resp, mv;
);

Class Disciplinas (
  nome: string[ 30] ;
  codigo: string[ 6] , unique, required;
  Matricula: Matriculas mv;
);

Class Matriculas (
  notas: real, mv;
  semestre_ano: date;
  Al: Alunos inverse is Matriculas;
  Di: Disciplinas inverse is Matriculas;
);
```

Quando presente, o comando required indica que o atributo junto a ele não pode ter o valor nulo. O unique indica que o valor do atributo não se repete em duas entidades da classe. O SIM possui atributos multivalorados, que são denotados pela palavra-chave mv. Quando o atributo multivalorado estiver acompanhado do comando distinct, indica que os valores do atributo multivalorado não podem ser repetidos, fazendo com que ele se assemelhe a um conjunto. O max indica o número máximo de elementos do atributo multivalorado.

Finalmente, o comando inverse indica o relacionamento entre as classes, para manter a integridade referencial. A herança no SIM é indicada na classe que possui subclasses, que devem ser enumeradas na declaração subrole.

A manipulação de dados se dá por uma linguagem de alto nível, semelhante ao DAPLEX. Essa linguagem basicamente consiste de uma cláusula RETRIEVE, alguns comandos de atualização, tais como INSERT, MODIFY e DELETE, além de funções de agregação como AVG (média), COUNT, etc. No esquema anterior, para obter os nomes dos departamentos e seus chefes, podemos executar o comando a seguir.

```
FROM Departamento
RETRIEVE Nome, Nome of chefe

A sintaxe geral do comando retrieve e a seguinte:
[ FROM <Classes>]
RETRIEVE [ TABLE [ DISTINCT] | STRUCTURE]
<lista de atributos>
[ ORDERED BY <lista de ordenação>]
[ WHERE <expressão de seleção>]
```

5.9 — JASMINE

Esse sistema foi desenvolvido pela Fujitsu, do Japão. Inicialmente o gerenciador de objetos foi implementado como uma "casca" de um Banco de Dados Relacional não-normalizado, também da Fujitsu. Atualmente o JASMINE é comercializado pela Computer Associates, sendo talvez o primeiro BDOO comercializado por uma grande empresa de Software. O sistema pode ser executado na plataforma Intel, sob Windows NT 4.0. O pacote ainda inclui um ambiente gráfico para desenvolvimento de aplicativos multimídia e manutenção do Banco de Dados, o JADE (Jasmine Application Development Environment).

Para a definição e manipulação de dados no JASMINE é usada a linguagem ODQL (Object Database Query Language). A ODQL pode ser usada tanto como linguagem de consulta *ad hoc*, como pode ser embebida em aplicativos escritos em C e C++. Segue um exemplo de definição de classes:

```
DefineClass demoCF::Pessoas
  description: "informação sobre uma pessoa"
{
  maxInstanceSize: 4;
  class:
    Integer     proxNumPessoa default:0;
  Instance:
    Integer     NumPessoa       unique;
```

62   EXEMPLOS DE BDOO

```
    String      Nome            mandatory;
    Date        DataNasc;
    Bag<string> Telefones default:Bag{};
    Integer     Idade();
}


DefineClass demoCF::Alunos
  super: demoCF::Pessoas
  description: "informações sobre um aluno"
{
maxInstanceSize: 4;
  Instance:
    Integer                 NumUSP    unique;
    Bag<demoCF::Matriculas> Matricula;
}


DefineClass demoCF::Departamentos
{
maxInstanceSize: 4;
  Instance:
    String    nome;
    Integer   sala;
    DemoCF::pessoa Chefe;
    Bag<DemoCF::Disciplinas> Disc;
}


DefineClass demoCF::Disciplinas
{
maxInstanceSize: 4;
  Instance:
    string nome;
    string código unique;
    Bag<DemoCF::Matriculas> Matricula;
}


DefineClass demoCF::Matriculas
{
maxInstanceSize: 4;
  Instance:
    Bag<float> notas;
    Date SemestreAno;
    DemoCF::Alunos Al;
    DemoCF::Disciplinas Di;
}
```

Podem ser criadas várias famílias de classes. A unicidade do nome da classe é exigido somente dentro de cada família. Nas declarações, quando se faz referência a uma classe, é sempre necessário informar ao sistema de que família de classes ela pertence (no exemplo, a família de classes usada foi demoCF). Após o comando description, pode ser colocado um comentário descritivo da classe. O JASMINE possui herança múltipla. O comando super define as superclasses da classe sendo definida. Na declaração das variáveis de instância e métodos, podem ser definidas variáveis de instância para as classes e para as instâncias, ou seja, quando o atributo é da classe obtemos um comportamento semelhante aos atributos globais (Item \r \h 2.5.1). Notamos também a presença dos comandos mandatory, que indica que o atributo não pode assumir o valor NIL (vazio), o unique, que indica que o valor do atributo não se repete na classe (uma chave) e o comando default, que permite definir um valor padrão para o atributo, caso durante a criação do objeto o valor não tenha sido fornecido. O maxInstanceSize é o tamanho máximo que os objetos ocupam na memória (em múltiplos de 2KB). O sistema possui diversas classes predefinidas para implementação de listas e conjuntos. O bag, que aparece no exemplo é um conjunto onde é admitida a repetição de elementos. O sistema possui ainda as classes set e list.

As consultas retornam valores que normalmente são atribuídos a uma variável, lembrando o "cursor" da SQL. Por exemplo:

```
List<Pessoas> pp;
pp = Pessoas from Pessoas where Pessoas.Nome = "Ronaldo"
```

A variável pp é um apontador para uma lista contendo apontadores para os objetos selecionados. Para varrer a lista, podem ser utilizadas classes do tipo Iterator, que tem predefinidas as funções advance e get, funcionado como um cursor associado à lista.

```
List<Pessoas> pp;
Iterator<Pessoas> ip;
Pessoas p;
Transaction.start();
pp = Pessoas from Pessoas where Pessoas.Nome = "Ronaldo"
ip = pp.CreateIterator();
while (ip.advance() ) {
  p = ip.get();
  // processa uma pessoa
}
```

Para os objetos do tipo lista ou conjunto são definidos ainda métodos para excluir e encontrar um elemento (delete e find), funções de agregação para elementos numéricos (average, sum, etc.), funções de operação de conjuntos, como união, intersecção, e para exibir os elementos em uma ordem desejada (sort).

A consulta pode retornar vários atributos, bastando listar os atributos desejados, como em uma cláusula select da SQL:

```
Bag<[ string Nome, Bag<string> Telefones> NomeTel;
NomeTel = [ Pessoas.Nome, Pessoas.Telefones] from Pessoas
```

Para criar novos objetos, a exemplo da C++, usa-se o comando new. Por exemplo:

```
Pessas p;
P = Pessoas.new( Nome := "Romário" );
```

Para modificar dados, basta fazer as atribuições desejadas a um apontador para o objeto desejado.

```
Pessoas pp;
pp = Pessoas from Pessoas where Pessoas.NumPessoa = 111
pp.Nome = "Novo Nome!"
```

Pode-se adicionar valores aos atributos compostos, com um comando como o seguinte:

```
Pessoas pp;
pp = Pessoas from Pessoas where Pessoas.NumPessoa = 111
pp.Telefones = pp.Telefones.add( "555-2222" )
```

Toda classe possui um método delete, para excluir objetos. Na consulta a seguir, removemos a pessoa de número 222, supondo número uma chave primária.

```
Pessoas pp;
pp = Pessoas from Pessoas where Pessoas.NumPessoa = 222
pp.delete();
```

5.10 — Poet

O Poet é um sistema desenvolvido pela Poet Software. O principal objetivo do Poet é fornecer persistência à linguagem C++. O Poet é descrito de forma detalhada neste trabalho, no capítulo 7, pois o sistema que desenvolvemos gera especificações para o Poet.

5.11 — AVANCE

AVANCE é um sistema desenvolvido na Universidade de Estocolmo e no SISU (Swedish Institute for Systems Development), e seu principal objetivo é o de dar suporte a aplicações que necessitam que as versões de um objeto sejam armazenadas. A linguagem de manipulação de dados é a linguagem PAL, que é semelhante à SMALLTALK. Outra característica interessante do AVANCE são as transações encadeadas, um dos únicos sistemas a possuir tal característica.

5.12 — OZ+

O OZ+ é um BDOO desenvolvido na Universidade de Toronto, projetado para ser o sistema de armazenamento de um sistema também da mesma universidade, o OTM (Office Task Manager). Esse sistema também funciona como uma "casca" de outro SGBD relacional, o EMPRESS. O sistema foi escrito em C e Turing Plus, em máquinas UNIX.

5.13 — OUTROS SISTEMAS

Podemos ainda citar como exemplos de BDOO o ONTOS, sucessor do Vbase, o ODE, o DAMOKLES, o ZEITGEIST, VODAK, o OBST+. Uma descrição de vários sistemas existentes também foi feita por Horowitz e Zand.

5.14 — REFERÊNCIAS

Uma boa fonte de informações sobre os sistemas existentes é a Internet através da WWW. Encontramos páginas sobre o O_2 em (1), ObjectStore em (3), Poet em (2), Versant em (5), Orion (12), Postgres (6), UniSQL (10)

Descrições sobre o O_2 podem ser encontradas em [DEU 90], [DEU 91], [BAN 92], [SOL 92]. O projeto inicial previa um protótipo, que foi apresentado por Bancilhon et al. [BAN 88]. Uma descrição de uma versão antiga da OQL foi feita por Bancilhon [BAN 89]. O artigo de Lamb [LAM 91] descreve o ObjectStore. Encontramos no artigo de KIM [KIM 89a] e no seu livro [KIM 90], as características principais do sistema Orion. O Orion agora é um produto comercial, sendo sua página na Internet localizada em (12). Podemos ler mais a respeito do sistema Gemstone em [BRE 89] e [BUT 91]. O Postgres tem boas referências em [STO 90], [STO 91] e no seu manual do usuário [POS 94]. O antecessor do Postgres, o Ingres, é apresentado em [STO 76]. Uma versão antiga do modelo de dados do Postgres pode ser encontrada em [ROW 87]. O Iris é apresentado inicalmente em [FIS 87], e depois também em [FIS 89]. O Artigo de Hudson e King [HUD 89] descreve o Cactis, bem como os algoritmos de atualização de dependências entre suas entidades. Maiores informações sobre o Jasmine podem ser encontradas no site da Computer Associates (15). Um artigo sobre o AVANCE pode ser encontrado em [BJÖ 88], e em [WEI 90], sobre o OZ+. Podemos ainda encontrar referências sobre o ONTOS em [AND 91a], sobre o Vbase em [AND 91], [DAM 91] e [DAM 91a], sobre o ODE em [AGR 89], sobre o DAMOKLES em [DIT 86] e [SAN 91], sobre o ZEIGEIST em [FOR 88]. O VODAK tem uma página informativa em (11), e o OBST+ em (9). Horowitz [HOR 91] e Zand [ZAN 95] publicaram artigos sobre vários sistemas.

Análise dos Exemplos de BDOO

Vamos discutir as nossas principais críticas aos modelos de dados apresentados anteriormente.

6.1 — RELACIONAMENTOS

Em todos os sistemas apresentados, com exceção do Cactis, notamos que os relacionamentos não são declarados explicitamente, mas de forma implícita, através de variáveis de instância. Os relacionamentos 1 para N e N para N são representados através de conjuntos e referências cruzadas a objetos, e os atributos dos relacionamentos têm de ser armazenados em objetos auxiliares, que representam os relacionamentos, ou em ambos os lados do relacionamentos. Em qualquer desses casos, perde-se em parte ou totalmente a noção de relacionamento.

As linguagens de consulta, como nas tradicionais para SGBD relacionais (com a honrosa exceção do ZIM), não reconhecem os relacionamentos. Em nossa opinião, é um absurdo em uma linguagem com a SQL, ter-se que declarar a condição de join em cada consulta, já que a ligação relacional é uma característica em geral estrutural, proveniente de um relacionamento que existe permanentemente.

O MR possui uma deficiência na modelagem dos relacionamentos, que vem do fato de somente existir uma estrutura de armazenamento, a relação. Nos BDOO observamos uma limitação semelhante, sendo que a única estrutura é a classe. Não existe uma estrutura conceitual para os relacionamentos tanto no MR como nos BDOO. A grande diferença entre o MR e os BDOO é que os BDOO não possuem a 1FN, o que facilita a representação de objetos complexos. No MRNN a representação pode ser feita de modo semelhante, sem truques de representação como relações auxiliares para atributos multivalorados.

6.2 — LINGUAGENS DE DECLARAÇÃO/MANIPULAÇÃO DE DADOS

Um dos argumentos mais usados pelos defensores dos BDOO é o que, com as linguagens de programação com objetos persistentes, não seria necessário aprender uma nova linguagem para manipular os bancos de dados. Porém, o aprendizado das novas linguagens, principalmente as de última geração, está se tornando cada vez mais fácil e rápida, não justificando mais esse argumento. Como os BDOO, na sua maioria, são extensões de linguagens de programação orientadas a objetos, especialmente a linguagem C++, um novo desenvolvedor de Bancos de Dados seria obrigado a aprender essas linguagens, muito mais complexas e de difícil aprendizado, o que invalida esse argumento. Os BDOO, por usarem linguagens algorítmicas, apresentam um retrocesso em relação às linguagens de 4.ª geração. Seria desejável que se fizessem extensões às linguagens de 4.ª geração, para que estas tivessem características das linguagens orientadas a objetos. O que a maioria dos BDOO propõem, que é fornecer persistência às linguagens orientadas a objetos, não nos parece adequado.

6.3 — FALTA DE PADRÃO

Uma das maiores críticas aos BDOO é a falta de padrão, tanto no modelo de dados, como no armazenamento. Não é uma tarefa fácil migrar de um BDOO para outro, ou compartilhar dados entre BDOOs diferentes. Na tentativa de padronizar os BDOO, os produtores do GemStone, Orion, O_2, ObjectStore, Objectivity, Poet, UniSQL e Versant formaram um grupo, a ODMG (Object Database Management Group), a fim de criar padrões para os BDOOs. Porém, mesmo assim há grande diferença entre os sistemas, e um dos motivos é que cada BDOO é projetado para aplicações específicas, o que diferencia um modelo de outro. No Cactis, por exemplo, o modelo de dados é concebido especificamente para aplicações CASE. Não é desejável que para cada aplicação seja necessário um BDOO diferente. Um modelo de dados mais geral, apropriado para a maioria das aplicações, é o ideal.

6.4 —VIOLAÇÃO DO ENCAPSULAMENTO

Outra crítica aos BDOO é o fato do encapsulamento ser relaxado, principalmente nas linguagens de consulta derivadas da SQL. O fato de um dos principais conceitos da orientação a objetos ter que ser relaxado, indica que a orientação a objetos utilizada pelas linguagens de programação não se aplica integralmente aos bancos de dados. Nesse sentido, poder-se-ia dizer que os BDOO não são de fato orientados a objetos, na definição estrita deste paradigma.

6.5 — FALTA DE MODELO FORMAL

O MR possui, como já citado, uma forte base teórica, baseada principalmente na álgebra relacional e na teoria dos conjuntos. Isso não ocorre nos BDOO, que ainda não tem uma base teórica consagrada, apesar de já haver propostas de um modelo formal para o modelo de dados destes sistemas.

6.6 — REFERÊNCIAS

Um artigo sobre a ODMG foi publicado por Loomis em [LOO 93]. Wand em [WAN 89] propõe um modelo formal para os BDOO.

7

O BDOO Poet

Em nosso trabalho, foi utilizado o BDOO Poet para a implementação de um pré-processador para o modelo de dados proposto. Essa escolha foi feita pelos seguintes motivos:

- Uma versão de demonstração está disponível gratuitamente através da Internet.
- A empresa que produz o Poet participa da ODMG, e o sistema oferece muitas das características propostas pela entidade.
- O Poet integra-se com o compilador utilizado, o Borland C++ 4.52.

Na versão gratuita, que foi utilizada, pode-se definir um esquema de no máximo seis classes. A versão testada é a 3.0. A versão 4.0 já está disponível desde o segundo semestre de 1996.

O Poet é um sistema comercial, produzido pela Poet Software, cuja principal característica é a de fornecer persistência dos objetos à linguagem C++. Ele funciona em conjunto com compiladores bastante populares para a plataforma Microsoft Windows, o Borland C++ e o Microsoft Visual C++.

O Poet possui um ambiente integrado para desenvolvimento, que possui as seguintes funcionalidades:

- Possibilidade de edição da linguagem de definição do esquema do banco de dados.
- Gerador de código fonte na linguagem C++, através de um pré-processador, denominado PTXX. Após a geração, o código gerado pode ser utilizado em uma aplicação, que passa a possuir classes persistentes.
- Um visualizador gráfico dos objetos armazenados num banco de dados.
- Outro visualizador gráfico, este para inspeção das classes pertencentes a um banco de dados.
- Também podem ser executadas consultas *ad hoc*, através da linguagem OQL, em uma janela separada.

70 O BDOO POET

- É possível ainda criar um novo banco de dados ou um objeto de uma classe, além de outras operações em objetos, tais como exclusão, inclusão e travamento de um objeto selecionado, em ambientes multiusuário.

Há outro ambiente destinado à administração de bancos de dados (Poet Administrator). Com ele é possível executar várias tarefas administrativas dos bancos de dados:

- Cópias de reserva ("backup").
- Recuperação de um banco de dados danificado.
- Reorganização de um banco de dados (reindexação e desfragmentação).
- Controle de versões dos objetos.
- Conversão de bancos de dados de versões anteriores do POET.

8   Controle de segurança.

7.1 — PERSISTÊNCIA

A linguagem aceita pelo pré-processador PTXX para definição do esquema de dados é uma extensão da linguagem C++. Para um objeto ser persistente, ele deve pertencer a uma classe declarada como persistente. O Poet mantém a integridade referencial entre os objetos, através de um contador de referências acoplado a cada apontador para objeto persistente. Além dos tipos da própria linguagem C++, o Poet adiciona extensões para construção de conjuntos. Outra característica importante é a possibilidade de criação de índices, que são associados a uma variável de instância, a fim de otimizar o armazenamento dos objetos e acelerar as consultas.

Vamos mostrar o exemplo com a linguagem aceita pelo pré-processador do Poet:

```
persistent class Pessoa {
  PtString nome;
  useindex nomeIX;
  PtString RG;
  PtString endereco;

  void Muda_Endereço( Char *NovoEndereco );
  void Show();
}

// declaração do índice
indexdef nomeIX: Pessoa { nome;}

persistent class Departamento {
  PtString nome;
  int  sala;
  Pessoa Chefe_Dept;
  depend cset <Disciplina *> Disciplinas
}

persistent class Disciplina {
  PtString nome;
```

```
  Departamento *dept_resp
  ondemand cset <Aluno *> Alunos
}

// herança. Aluno é subclasse de Pessoa
persistent class Aluno::public Pessoa {
  PtString NumUSP;
  cset <Disciplina *> Disciplinas
}

persistent class Matriculas {
  Disciplina *disc;
  Aluno *Al
  float nota;
  PtString sem_ano

  float NotaFinal;
}

persistent class Disciplina {
  PtString nome;
  Departamento *dept_resp
  cset <Matriculas *> Mats
}

persistent class Aluno::public Pessoa {
  PtString NumUSP;
  cset <Matricula *> Mats
}
```

Vamos comentar algumas particularidades do Poet: Na classe Pessoa, o comando useindex indica que a variável nome é usada como índice para a classe Pessoa, e a definição do índice nome IX vem logo depois da declaração da classe, na declaração indexdef.

O comando depend faz com que os objetos que são referenciados sejam apagados, caso o objeto seja excluído do banco de dados, analogamente ao comando de exclusão em cascata do SQL. No exemplo, se um departamento fosse excluído, todas as disciplinas ministradas pelo departamento também seriam excluídas.

Outra característica interessante é o comando ondemand, que faz com que os objetos referenciados sejam carregados para a memória somente quando utilizados. Se esse comando não seja utilizado, quando um objeto da classe Disciplina for carregado, todos os alunos do conjunto seriam carregados, o que aumentaria o tempo da carga do objeto. Com o uso desse comando, somente são carregados alunos que forem consultados ou modificados, no momento da consulta ou modificação.

O Poet possui classes paramétricas ("templates") predefinidas para o uso de conjuntos, cset, lset e hset. Os tipos de conjuntos diferem na capacidade de armazenamento, sendo o de menor capacidade (cset - compact set) de manipulação mais rápida.

Na versão analisada do sistema (3.0), não é permitida a herança múltipla de classes persistentes, ou seja, uma classe persistente não pode ter mais de um antecessor direto.

7.2 — CONSULTA E MANIPULAÇÃO DE DADOS

Na definição da ODMG, são propostas duas formas de consulta e manipulação de dados:

- Através da navegação por ponteiros e referências ao OID do objeto.
- A partir de uma linguagem de consulta, que é preferivelmente uma linguagem semelhante ao SQL.

O Poet oferece as duas formas de recuperação de dados. Toda classe persistente declarada possui um conjunto associado, que contém todos os elementos da referida classe. O conjunto possui os métodos Seek, Get e Unget, que permitem percorrer o conjunto da forma desejada. O método Get devolve um ponteiro para o objeto desejado, e podemos assim navegar através dos objetos associados ao objeto apontado, através das referências (ponteiros) contidas na sua estrutura.

Utilizando o esquema acima, vamos ilustrar um trecho de código em C++, que mostra os dados sobre um conjunto de pessoas que está armazenado em um banco de dados:

```cpp
// cria uma nova instância de conjunto e carrega dados armazenados
pSetOfAllPessoas = new PessoasAllSet( GetDb() ) ;

// posiciona ponteiro em um elemento do conjunto
if (( DbCallResult = pSetOfAllPessoas -> Seek( 0, PtSTART )) != 0 )
{
 // não encontrou elementos
      if ( DbCallResult == ERR_PT_RANGE )
      {
            cout << "\nErro Seek:primeiro elemento não encontrado.";
      }
      return ErrorMessage( DbCallResult ) ;
}
do

{
 // obtém ponteiro para pessoa
      if ((DbCallResult = pSetOfAllPessoas -> Get (pPessoas)) != 0)
            // erro na leitura do banco de dados
  return ErrorMessage( DbCallResult ) ;
 // mostra dados em tela
 // Show é um método fictício, que exibe dados na tela
      pPessoa -> Show() ;

      // Instrução Unget desaloca recursos utilizados por Get

      if ((DbCallResult = pSetOfAllPessoas -> Unget( pPessoas )) < 0)
            return ErrorMessage( DbCallResult ) ;

}
// posiciona em novo elemento do conjunto
while ((DbCallResult = pSetOfAllPessoas->Seek( 1, PtCURRENT)) == 0)
char s[ 20] ;
// mostra número de elementos encontrados
dword TotalNumberOfPessoas = pSetOfAllPessoas -> GetNum() ;
```

```
cout << "\nNúmero de pessoas mostradas -> " << TotalNumberOfPessoas ;
gets(s);
```

Outra forma de consulta e manipulação de dados é através da linguagem OQL. Esta linguagem pode ser utilizada para efetuar consultas *ad hoc*, ou pode ser utilizada dentro de um programa escrito em C++. Vamos exibir uma pequena consulta na linguagem OQL:

```
define extent Pessoas for Pessoa; //1

select x from x in Pessoas
where x.name = "Eugênio"
```

Na linha 1, é definido o conjunto ("extent" na nomenclatura do sistema) de todas as pessoas, que são agrupadas num conjunto, automaticamente. No restante, podemos observar a semelhança com a linguagem SQL. Uma das limitações presentes na versão 3.0 do Poet é que somente é possível recuperar um objeto predefinido, como no caso anterior, ou um tipo primitivo de dados. Não é possível recuperar uma tupla de uma classe não definida, ou outro objeto composto que não esteja previamente declarado. Outra limitação presente na versão analisada do POET, é que não se pode chamar métodos das classes consultadas numa consulta OQL.

Para utilizar consultas baseadas na linguagem OQL em um programa escrito em C++, o sistema define uma classe Consulta, (OQL_Query). Para se executar uma consulta, constrói-se uma instância da classe OQL_Query, que tem como uma de suas variáveis de instância o texto do comando. Para executar a consulta, basta executar o método execute, que devolve o resultado da consulta em um conjunto ou em um ponteiro. No exemplo abaixo, um trecho utilizando consultas OQL da forma descrita

```
// conjunto de pessoas
PtOnDemandSet * ondSet = 0;
PtString qs("define extent Pessoas for Pessoa;");
qs += PtString("select x from x in Pessoas") +
      PtString("where x.name = $1 and x.age < $2");

// assume 'base' apontando para banco de dados aberto
// contrói consulta
OQL_Query oql( base, qs );
int a = 30;
// os símbolos $1 e $2 da consulta fazem com que os valores
// fornecidos na linha abaixo os substituam
// "E*" são todos os nomes que começam com "E"
oql << "E*" << a ;

// retorna resultado em conjunto
int err = oql_execute( oql, ondSet );
...
// destrói conjunto
if (ondSet) delete ondSet;
```

Uma vez recuperado, podem ser utilizados os métodos definidos para os conjuntos (get, unget) para obter os elementos desejados do conjunto.

7.3 — OUTRAS CARACTERÍSTICAS

O POET oferece também o controle de transações, que é semelhante ao do ObjectStore. Qualquer alteração nos objetos entre as instruções BeginTransaction e CommitTransaction não são efetivamente gravadas em disco, mantendo os dados em um estado válido. Essa alteração só é efetivada ao se executar a segunda instrução.

Outra característica presente no POET é o controle de versões de objetos. Quando há uma alteração no esquema de um banco de dados já existente, os objetos já armazenados têm sua estrutura atualizada após uma operação de atualização presente no ambiente de administração do banco de dados.

No ambiente de administração é possível a criação de novos usuários, e é possível atribuir permissões de leitura, atualização e exclusão para cada variável de instância de uma classe. Quando se abre um banco de dados em que há o controle de usuários, é mostrada uma tela de login, onde é solicitada a entrada da senha do usuário. Esse controle de acesso ao banco de dados é bastante complexo, e é considerado um dos melhores entre os BDOO existentes.

O modelo OER (Object Entity-Relationship)

Apresentamos aqui uma proposta de um sistema cujo modelo de dados é uma extensão do Modelo de Entidades e Relacionamentos. Além de algumas das extensões já apresentadas anteriormente (Item 2.5), nosso modelo permite a declaração de métodos nas entidades, atributos, relacionamentos e agregações. Nosso modelo também permite o uso de atributos multivalorados e compostos, mantendo-se assim a estrutura relacional (não normalizada) na representação de muitos tipos de objetos complexos, como vimos no Item 2.4.

Foi implementado um pré-processador que aceita uma linguagem de definição de dados de nosso modelo, traduzindo-o para um esquema do BDOO Poet. O pré-processador foi desenvolvido para o Ambiente MS-Windows, sendo utilizado o compilador Borland C++ 4.52. Como já citado anteriormente, a versão do Poet utilizada foi a versão 3.0.

8.1 — MAPEAMENTO ER-OO

Uma proposta para esse problema é apresentado por Narasimhan et al, por Elmasri & Navathe e ainda por Fong. Nessas propostas, são definidas as seguintes correspondências:

- Entidade ⇔ Objeto
- Conjunto de Entidades ⇔ Classe
- Atributo ⇔ Variável de instância
- Relacionamento ⇔ Conjunto de apontadores para objetos

No MER, não há nenhum elemento que corresponda aos métodos. Duas das principais vantagens do uso de métodos é o de implementação de restrições de integridade sobre os atributos e a representação de atributos calculados (chamados de "virtuais" em alguns sistemas), como por exemplo a idade: o método pode calcular a idade de uma pessoa a partir de sua data de nascimento e da data do sistema. Outro papel dos métodos e a de manter a multiplicidade e a totalidade dos relacionamentos do MER, além de encapsular as aplicações junto com as estruturas de dados.

Nosso sistema utiliza basicamente o mesmo mapeamento proposto nesses artigos.

Os gerenciadores de BDOO permitem estruturas complexas, como conjuntos, listas, etc. A diferença para nosso modelo é que ele conceitua essas estruturas como atributos multivalorados. Assim, podemos manter a conceituação e a linguagem relacional no armazenamento e busca desses atributos.

8.2 — CONCEITOS DO OER

Em nosso modelo, dividimos as classes em várias categorias. As classes basicamente podem ser *Atributos, Entidades, Relacionamentos* e *Agregações*. As classes Entidade, Relacionamento e Agregação possuem o mesmo papel que no modelo ER. A classe Atributo serve como tipo para os atributos das entidades. Nosso modelo possui atributos multivalorados, que são variáveis de comportamento semelhante aos conjuntos. A diferença é que os atributos multivalorados admitem repetição de valores. Como a classe atributo pode ser composta, temos também a presença de atributos compostos. Esse tipo de conjunto é denominado "*bag*" na literatura. Em todas as classes podem ser definidos métodos. A herança pode ser usada apenas na definição das classes entidade. Uma classe agregação, porém, pode fazer o papel de uma superclasse de uma classe entidade.

Outros tipos de classes presentes em nosso modelo são as classes Subentidade, Subrelacionamento e Subagregação, que são, repectivamente, subconjuntos de alguma classe Entidade, Relacionamento ou Agregação já definidas anteriormente.

8.3 — ESQUEMA DE TRANSFORMAÇÃO OER – POET

Descreveremos a seguir os elementos de nosso modelo e suas declarações e mostraremos a transformação correspondente para o sistema Poet. Em nosso modelo, as classes de objetos foram divididas em várias categorias:

8.3.1 — Atributos

Cada atributo de uma entidade ou de um relacionamento deve pertencer a uma classe específica, a *classe Atributo*. Todas as classes e tipos básicos da linguagem C++ (int, float, char, double, etc.) podem ser utilizadas como classe atributo. Somente as classes e tipos básicos, as classes definidas pelo usuário e as classes atributo podem ser utilizadas como classes de atributos de entidades e de relacionamentos. Segue um exemplo de declaração de classe atributo:

```
attribute A
  attributes
    int x;
    float y;
    char z, multivalued;
  methods
```

ESQUEMA DE TRANSFORMAÇÃO OER-POET 77

```
  int f();
end
```

Nesse caso, a tradução para o esquema OO é praticamente direta, observando-se apenas a declaração de atributo multivalorado, que deve gerar uma declaração de um conjunto:

```
class A {
public:
  int x;
  float y;
  cset <*char> z;
  int f();
}
```

Em nosso modelo, não foi implementada a herança na classe atributo. A declaração não é de uma classe persistente, pois a intenção desta declaração é justamente a de fazer parte de uma entidade, como elemento que a compõe. Sendo parte de uma classe persistente, suas instâncias tornar-se-ão persistentes. Se for necessário armazenar apenas uma instância da classe atributo no Banco de Dados, isso pode ser uma indicação de que a classe atributo deveria ser modelada como uma Entidade. Por exemplo, se desejássemos armazenar o atributo acima, poderíamos criar o esquema:

```
entity E
  A A1;
end
```

Se A não for utilizada em outra lugar como atributo, poder-se-ia simplesmente declarar uma classe entidade com a mesma estrutura, como descrito a seguir.

8.3.2 — Entidades

As instâncias das classes entidade são o componente principal do Banco de Dados. Praticamente toda informação será armazenada nas estruturas geradas pela classe entidade. Mostraremos a seguir um exemplo genérico de declaração, em que A é uma especialização de B.

```
entity A inherits B
  attributes
    int x, key;
    char z, indexed;
    ATR y, multivalued;
  methods
    int f(int x);
    float g(float y);
end
```

Esse esquema geraria a seguinte declaração no Poet:

78   O MODELO OER (OBJECT ENTITY-RELATIONSHIP)

```
persistent class A: public B
{
  public:
    int x;
    char z;
    useindex _z_IX;
    cset <* ATR> y;

    int f(int x)
    float g(float y);
}

indexdef _z_IX:A
{
  z;
}
```

A declaração e o esquema correspondente são semelhantes, se desconsideradas as diferenças de sintaxe. Desta vez, a classe correspondente é declarada como classe persistente, pois suas instâncias devem ser armazenadas no meio de armazenamento permanente. A variável de instância x é declarada como chave, mas isto não se reflete na declaração do Poet, pois não há um índice único, nem uma declaração que indique a unicidade do atributo, portanto a repetição da chave deve ser detectada quando se cria um novo objeto, em um método adequado. No Poet, pode-se indexar uma das variáveis de instância, e isto foi transportado para nosso modelo. A variável z é indexada, e este fato gera as declarações useindex e indexdef. O atributo y é multivalorado, o que é representado no Poet como um conjunto (cset).

Na versão testada do Poet, não é permitida a herança múltipla em classes persistentes, e por isso no nosso modelo também não há tal mecanismo. Se a herança múltipla for incluída em novas versões do Poet, pode-se modificar o gerador com facilidade. Outra característica

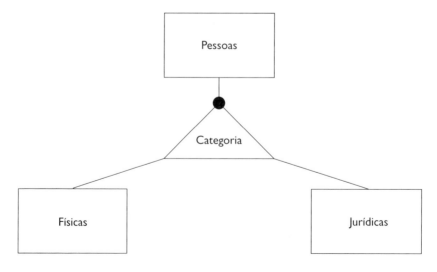

Figura 30: Exemplo de generalização total

presente é a herança total (Descrito no Item 2.5.5). Se a entidade vier acompanhada da palavra chave partitioned, todos as classes descendentes formam uma herança total. Vamos mostrar o esquema e a declaração correspondente.

```
entity Pessoas partitioned
.
.
.
end

entity Fisicas inherits Pessoas
.
.
.
end

entity Jurídicas inherits Pessoas
.
.
.
end
```

No esquema acima, todos os clientes são pessoas físicas ou jurídicas. No cadastro de um banco, essa informação pode ser obrigatória. Não seria permitido o cadastro de um cliente que não se enquadre em uma das duas categorias. Segue um exemplo de generalização que não é total.

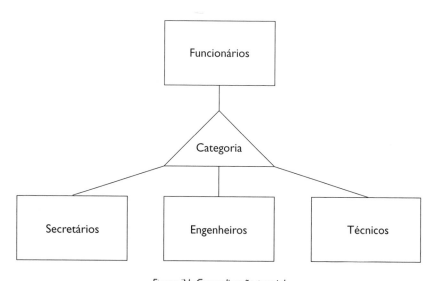

Figura 31: Generalização parcial

Nesse caso, os funcionários da empresa são secretários, engenheiros ou técnicos, podendo haver funcionários que não se enquadre em uma das subentidades. A seguir, A declaração do OER correspondente.

80 *O MODELO OER (OBJECT ENTITY-RELATIONSHIP)*

```
entity Funcionarios
.
.
.
end

entity Secretários inherits Funcionário
.
.
.
end

entity Engenheiros inherits Funcionário
.
.
.
end

entity Técnicos inherits Funcionário
.
.
.
end
```

8.3.3 — Relacionamentos

No Poet, assim como na maioria dos BDOO, os relacionamentos não possuem uma declaração explícita. Na conversão, os relacionamentos são representados de forma implícita nas entidades ou em classes auxiliares, no caso de relacionamentos N para N. No exemplo a seguir, mostramos uma declaração de relacionamento entre duas entidades.

```
entity A
...
end

entity B
...
end

relationship R syn A_B,B_A
  entities
    A (0, N); // 0-mínimo, N-indica que não há máximo de elementos
             // de A no relacionamento
    B (0, N);
  attributes
    int x;
  methods
    int f(int z);
end
```

O fato do relacionamento ser N para N está indicado nos parênteses após os nomes das entidades que fazem parte do relacionamento. Dentro dos parênteses, o primeiro valor indica o número mínimo de entidades e o valor seguinte mostra o valor máximo, de acordo com a multiplicidade do relacionamento. No exemplo anterior, temos um relacionamento N para N, não total.

Como vimos no Capítulo 5, nos gerenciadores de BDOO declara-se um relacionamento como esse, inserindo-se por exemplo a declaração dentro de A e de B, de conjuntos de ponteiros para a outra entidade. Nossa representação é mais conceitual.

O gerador permite que se declare os sinônimos para o relacionamento como no exemplo acima, ou de forma independente da definição do relacionamento, através de uma declaração como no exemplo a seguir.

```
relationship R syn Novo_Sinonimo;
```

Nesse caso, um novo sinônimo é definido para o relacionamento R. Um novo sinônimo não acarreta nenhum aumento no modelo do Poet, apenas acrescenta um novo elemento no conjunto de sinônimos do relacionamento, armazenados em um dicionário de dados, utilizado pela linguagem de consulta do modelo.

As declarações geradas para o exemplo anterior seriam as seguintes:

```
persistent class A
{
  public:
  ...
  cset <* R> R_B;
}

persistent class B
{
  public:
  ...
  cset <* R> R_A;
}

persistent class R
{
  public:
    A A_R_B;
    B B_R_A;
    int x;
    int f(int z);
}
```

Para cada par $(a,b) \in A \times B$ que estiver no relacionamento R, será criado um objeto da classe R (vamos denominá-lo *objeto relacionamento*). Portanto, o conjunto dos objetos da classe R corresponde ao conjunto de relacionamentos R entre A e B. A verificação da multiplicidade do relacionamento deve ser feita nos métodos que tratam da inclusão de novos objetos, uma vez que não existe representação correspondente no modelo de dados do Poet.

82 *O MODELO OER (OBJECT ENTITY-RELATIONSHIP)*

Outra solução possível para a tradução não utilizaria uma classe auxiliar para representar o relacionamento N para N. O esquema gerado seria como a seguir.

```
struct B_R
{
  B Entity_B;
  int x;
}

struct A_R
{
  A Entity_A;
  int x;
}

persistent class A
{
  public:
  ...
  cset <* B_R> R_B;
}

persistent class B
{
  public:
  ...
  cset <* A_R> R_A;
}
```

Nesse caso, é necessário criar uma estrutura auxiliar para armazenar o atributo do relacionamento. O relacionamento se faz através da referência cruzada entre os conjuntos declarados nas classes A e B. Além das variáveis de instância, a representação dos métodos do relacionamento ficam redundantes, uma vez que o método deve mudar os atributos em ambos os lados do relacionamento. Poder-se-ia representar o atributo apenas de um lado do relacionamento, porém o acesso aos dados do outro lado ficaria prejudicado, demandando várias varreduras nos conjuntos que representam os relacionamentos. Por esses motivos, preferimos a solução de se criar uma classe auxiliar para os relacionamentos N para N., como é tradicionalmente feito nos Modelos Relacional e de Redes.

Os relacionamentos 1 para N e 1 para 1 são tratados da mesma forma que os relacionamentos N para N, uma vez que são apenas casos particulares. No esquema de um BDOO, porém, podemos representar esses relacionamentos de uma forma alternativa. Por exemplo, no esquema a seguir:

```
entity A
...
end

entity B
...
```

ESQUEMA DE TRANSFORMAÇÃO OER-POET 83

```
end

relationship R syn A_B,B_A
  entities
     A (0, 1);
     B (0, N);
  attributes
   ...
end

Poderia ser gerado o seguinte esquema:
persistent class A
{
  public:
   ...
   cset <* B_R> R_B;
}

persistent class B
{
  public:
   ...
   A *R_A;
}
```

Na classe B, é colocado um ponteiro para a entidade de A que é relacionada com a entidade de B. No caso de um relacionamento 1 para 1, é colocado um ponteiro de cada lado, como no esquema a seguir.

```
entity A
...
end

entity B
...
end

relationship R syn A_B,B_A
  entities
     A (0, 1);
     B (1, 1);
  attributes
   ...
end
```

Que geraria o seguinte esquema do Poet.

```
persistent class A
{
  public:
   ...
   B *R_B;
}
```

84 O MODELO OER (OBJECT ENTITY-RELATIONSHIP)

```
persistent class B
{
  public:
  ...
  A *R_A;
}
```

Para simplificar nosso sistema, decidiu-se por tratar todos os relacionamentos da mesma forma, sem diferenciar os casos particulares de multiplicidade 1 para 1 e 1 para N. Como opção, o gerador poderia gerar os esquemas específicos, que são mais simples e compactos.

8.3.4 — Relacionamentos múltiplos, inclusivos e exclusivos

Pode ser declarado um número qualquer de entidades na declaração de um relacionamento, sendo possível a modelagem de relacionamentos múltiplos (Item 2.5.3). No exemplo, vamos declarar um relacionamento triplo, entre as entidades A, B, e C

```
entity A
...
end

entity B
...
end

entity C
...
end

relationship R syn A_B_C,B_A_C
  entities
    A (0, N);
    B (0, N);
    C (0, N);
  attributes
    int x;
  methods
    int f(int z);
end
```

O modelo gerado é análogo ao do relacionamento binário, também sendo gerada uma classe auxiliar, que contém um apontador para cada entidade, que representa o relacionamento triplo.

```
persistent class A
{
  public:
  ...
  cset <* R> R_B_C;
}
```

ESQUEMA DE TRANSFORMAÇÃO OER-POET   85

```
persistent class B
{
  public:
    ...
    cset <* R> R_A_C;
}

persistent class C
{
  public:
    ...
    cset <* R> R_A_B;
}

persistent class R
{
  public:
    A R_B_C ;
    B R_A_C ;
    C R_A_B ;
    int x;
    int f(int z);
}
```

Nosso modelo incorpora as extensões do MER apresentadas anteriormente na apresentação do MER (Item 2.5.6): os relacionamentos inclusivos e exclusivos. Em uma declaração de um relacionamento, podemos relacionar uma certa entidade com várias entidades, indicando se os relacionamentos são inclusivos ou exclusivos.

```
relationship R syn A_B,B_A
  entities
    A (0, N);
    exclusive B,C,D (0, N);
  attributes
    int x;
  methods
    int f(int z);
end
```

No exemplo, a entidade A se relaciona com as entidades B, C e D, através de um relacionamento exclusivo. Na geração do esquema Poet, essa declaração cria um objeto relacionamento com vários apontadores.

```
persistent class A
{
  public:
    ...
    cset <* R> R_B_C_D; // conjunto dos relacionamentos.
}

persistent class B
```

86 O MODELO OER (OBJECT ENTITY-RELATIONSHIP)

```
{
  public:
    ...
    cset <* R> R_A;
}

persistent class C
{
  public:
    ...
    cset <* R> R_A;
}

persistent class D
{
  public:
    ...
    cset <* R> R_A;
}

persistent class R
{
  public:
    A R_B_C_D ;
    B R_B_A ;
    C R_C_A ;
    D R_D_A
    int x;
    int f(int z);
}
```

A verificação da exclusividade do relacionamento, fica mais uma vez a cargo dos métodos que manipulam os relacionamentos. Nesses métodos, quando houver inclusão ou modificação de um relacionamento, é feita uma verificação para garantir que um elemento de A relaciona-se somente com um elemento de B, C e D, isto é, os outros dois relacionamentos são vazios. Bastaria verificar todos os objetos relacionamento, procurando pelo elemento de A em questão. Se não for encontrado, o relacionamento pode ser criado. No exemplo a seguir, declaramos um relacionamento inclusivo.

```
relationship R syn A_B,B_A
  entities
    A (0, N);
    inclusive B,C,D (0, N);
  attributes
    int x;
  methods
    int f(int z);
end
```

Nesse caso, o esquema para o Poet que é gerado é o mesmo que no relacionamento exclusivo, diferindo apenas nos métodos que manipulam os relacionamentos, que são mais flexíveis, permitindo que um mesmo elemento da entidade A se relacione com elementos das entidades B, C, ou D.

Da mesma forma que nos relacionamentos convencionais, poder-se-ia representar esses relacionamentos sem o auxílio de uma classe específica, mas além dos problemas já citados, a verificação das restrições de integridade ficam ainda mais complicadas, uma vez que é necessário percorrer todos os elementos dos conjuntos de ligações para sua verificação em cada inclusão.

8.3.5 — Agregações

As agregações em nosso modelo podem ser declaradas englobando um ou mais relacionamentos. No gerador, foi implementado somente o caso em que a agregação é declarada a partir de um único relacionamento. Nesse caso, o objeto relacionamento passa a ser tratado de forma semelhante a uma entidade. Pode-se declarar atributos e métodos também para as agregações.

```
entity A
...// atributos e métodos da entidade
end

entity B
...// atributos e métodos da entidade
end

entity C
...// atributos e métodos da entidade
end

relationship R syn A_B, B_A
entities
  A (0, N);
  B (0, N);
...// atributos e métodos do relacionamento entre A e B
end

aggregate R as AG
  attributes
    ...
  methods
    ...
end

relationship RAG
entities
  C (0, N);
  AG (0, N);
...// atributos e métodos do relacionamento entre C e AG
end
```

O esquema gerado nesse caso faz com que a classe relacionamento funcione como uma

88   *O MODELO OER (OBJECT ENTITY-RELATIONSHIP)*

classe entidade. Os métodos e atributos da classe agregação são incluídos na classe relacionamento que está sendo agregada.

```
persistent class A
{
  public:
    ...
    cset <* R> A_R ;
}

persistent class B
{
  public:
    ...
    cset <* R> B_R;
}

persistent class C
{
  public:
    ...
    cset <* RAG> C_RAG;
}

persistent class R
{
  public:
    A R_A ;
    B R_B ;
    cset <* RAG> R_RAG;
    int x;
    int f(int z);
}

persistent class RAG
{
  R RAG_AG;
  C RAG_C;
  // atributos e métodos do relacionamento
  ...
}
```

Uma representação alternativa para a agregação com apenas um relacionamento seria idêntica a um relacionamento triplo entre as entidades A, B, e C. A diferença estaria nos métodos de manipulação dos dados, que manteriam as restrições de integridade adequadas a cada caso. No relacionamento com a agregação, elementos desta podem existir sem se relacionarem com elementos de C, o que não é possível no relacionamento triplo. Para nosso exemplo, o código alternativo seria como o mostrado a seguir.

```
persistent class A
{
```

```
  public:
    ...
    cset <* R> R_B_C;
}

persistent class B
{
  public:
    ...
    cset <* R> R_A_C;
}

persistent class C
{
  public:
    ...
    cset <* R> R_A_B;
}

persistent class R
{
  public:
     A R_B_C ;
     B R_A_C ;
     C R_A_B ;
    ...
}
```

A primeira geração foi a escolhida por oferecer maior independência de dados, e por separar os relacionamentos que compõem a agregação. Na segunda proposta os dois relacionamentos seriam representados em uma mesma classe, o que poderia dificultar a construção de consultas.

8.3.6 — Subentidades

Uma *Subentidade* é um subconjunto de um conjunto de entidades, definida por uma restrição sobre os elementos do conjunto. Nosso modelo, além de permitir herança, permite também a definição desses subconjuntos que correspondem a uma "user view" de uma única relação. Para definir a Subentidade, é necessário fornecer a condição que todos os elementos devem obedecer.

```
Subentity Funcionários_Aposentados of Funcionários
cond
  Aposentado = 'sim'
end
```

Os atributos utilizados na condição podem ser atributos da entidade original, ou de qualquer entidade relacionada ou o relacionamento em que a entidade participe. Os sub-relacionamentos são definidos, utilizando-se conjuntos. É gerada uma instrução OQL que recupera os elementos do conjunto de todas as entidades que satisfaçam a condição da

90 *O MODELO OER (OBJECT ENTITY-RELATIONSHIP)*

declaração. No exemplo, o conteúdo do conjunto é virtualmente o resultado da consulta a seguir

```
select *
from Funcionários
where Aposentado = "Sim"
```

Como nas definições de "user-views" em SQL, a parte da cláusula where dessa consulta é concatenada às consultas a Funcionários_Aposentados.

A subentidade pode ser utilizada normalmente como uma entidade na manipulação de dados em nosso modelo.

8.3.7 — Subrelacionamentos

Subrelacionamentos também estão presentes em nosso modelo. Analogamente às subentidades, são subconjuntos de um conjunto de relacionamentos. A condição fornecida é dependente dos atributos dos relacionamentos, podendo então representar pares de conjuntos relacionados sob certas condições que se deseja. Por exemplo, podemos definir um sub-relacionamento do relacionamento entre alunos e disciplinas, definindo como condição os pares aluno-disciplina em que os alunos foram reprovados.

```
Subrelationship Reprovados of Matriculas
cond
  average (notas) < 5 && disciplina = "MAC-110"
end
```

O sub-relacionamento pode então ser utilizado para relacionar as entidades, como um sinônimo do relacionamento que contém a condição especificada.

```
select Alunos
from Alunos Reprovados
```

Quando processada, a condição do sub-relacionamento é acrescentada às presentes na cláusula where.

8.3.8 — Subagregações

De forma análoga, em nosso modelo estão presentes as *subagregações*. Também são definidos como subconjuntos de um conjunto agregação, que possuem determinada propriedade desejada. As subagregações podem ser utilizadas normalmente como se fossem entidades ou agregações.

```
SubAggregate SAg of Ag
cond
  (x > 10) && (y == 4)
end
```

8.4 — LINGUAGEM DE CONSULTA/MANIPULAÇÃO DE DADOS

Vamos fazer uma proposta para uma linguagem de consulta para nosso modelo, baseada na linguagem na SQL.. Vamos apresentar alguns comandos para criação modificação, e exclusão de dados. A seguir, mostramos um exemplo de consulta simples:

```
select  alunos.numeroUSP
from    alunos
where   alunos.nome = "Eugênio Akihiro Nassu"
```

Como na linguagem SQL, uma consulta é composta por três partes básicas:

- a cláusula select, que define as entidades que servem de base para a consulta (no exemplo, a entidade alunos) e os atributos que devem ser obtidos dessas entidades (no exemplo, o atributo nome).
- a cláusula from, que indica quais conjuntos de entidades e relacionamentos participam da consulta. A cláusula from pode ser omitida, se redundante. No caso anterior, como todos os atributos consultados são da entidade alunos, o from poderia ser omitido.
- a cláusula where, que especifica um predicado que deve ser utilizado para selecionar os elementos do conjunto definido na cláusula select, a partir dos quais deve ser construído o resultado da consulta. A exemplo da cláusula from também é opcional. Se ausente, todos os elementos do conjunto são selecionados.

Pode-se especificar várias entidades na cláusula select. Se existir um relacionamento entre as entidades, somente são selecionados n-uplas de entidades que estejam no relacionamento. Se não houver relacionamento entre as entidades, é feito um produto cartesiano.

Para fazer consultas através de entidades relacionadas, utiliza-se o nome do relacionamento ou um de seus sinônimos para relacionar entidades na cláusula from. A seguir, mostramos um exemplo de consulta de entidades relacionadas:

```
select  alunos.nome
from    alunos matriculados_em disciplinas
where   disciplinas.codigo = "MAC-110"
```

Essa consulta lista os alunos matriculados na disciplina de código MAC-110, em nosso esquema de exemplo. Essa extensão à SQL permite que os relacionamentos sejam consultados sem a necessidade de incluir a expressão de relacionamento sob a forma de uma equação de função na cláusula where, como na linguagem SQL. Esse tipo de expressão se baseia nas consultas do ZIM [ZIM 91], que no entanto não usa a sintaxe da SQL.

Quando um atributo multivalorado fizer parte da cláusula select, o valor obtido para esse atributo é um conjunto. Por exemplo, na consulta a seguir, supondo como exemplo os dados sobre livros no Item 2.4, que mostramos novamente.

92 O MODELO OER (OBJECT ENTITY-RELATIONSHIP)

ISBN	Título	Assuntos	NomeAutores
1234	A Internet	Computadores Redes	José João Maria Pedro
4321	Casa e Fogão	Cozinha Decoração Arquitetura	Ney
1111	A arte no século XIX	Artes	Marcelo Geraldo
2222	Futebol	Esporte	Joaquim

Na consulta a seguir, é selecionado um conjunto de assuntos.

```
select Assuntos
from   Livros
where  Título = "A Internet"

resultado:
{"Computadores", "Redes"}

Nessa outra consulta, desta vez são selecionados vários conjuntos.
select NomeAutores
from   Livros

resultado:
{ José, João, Maria, Pedro}
{ Ney}
{ Marcelo, Geraldo}
{ Joaquim}
```

Esse resultado é uma conseqüência lógica da seguinte interpretação desse comando select: deseja-se o <u>valor</u> do atributo NomeAutores para cada tupla de livros. Isso é compatível com a visão monovalorada, considerando-se o resultado de um select como um conjunto de monovalores (ou tuplas de monovalores)

Pode ser desejado que, em vez de vários conjuntos, os valores sejam retornados em apenas um conjunto. Isso poderia ser feito através do comando union. No exemplo a seguir, a consulta anterior é modificada para retornar apenas um conjunto, contendo todos os autores.

```
select union NomeAutores
from   Livros

resultado:
{ José, João, Maria, Pedro, Ney, Marcelo, Geraldo, Joaquim}
```

LINGUAGEM DE CONSULTA/MANIPULAÇÃO DE DADOS 93

Para uso na cláusula where, podem ser usados além da igualdade, o operador contains e o operador in, que verificam se um conjunto é subconjunto de outro. Em um esquema de livros, poderíamos consultar livros que contenham dois ou mais assuntos em sua lista de assuntos:

```
select  Livros.Título
from    Livros
where   Livro.Assuntos contains {"Bancos de Dados", "Orientação a Objetos"}
```

Ou utilizando o operador in temos uma consulta equivalente:

```
select  Livros.Título
from    Livros
where   {"Bancos de Dados", "Orientação a Objetos"} in Livro.Assuntos
```

Note-se que essa é uma sintaxe válida de SQL, mas que tradicionalmente não se aplica a atributos multivalorados.

Quando o atributo multivalorado é composto, o valor de retorno é um conjunto de tuplas, que pode ser tratado como uma relação. Vamos mostrar um esquema mais complexo, correspondente a uma faculdade, onde as informações sobre alunos são armazenadas em um atributo multivalorado.

```
Departamentos(NomeDep, Alunos(NomeAluno, Disciplinas(CodDisc, Notas*)*)*)
```

Vamos usar os dados na relação seguinte como exemplo.

Departamentos

Computação	{(José, {(MAC110, {5,4,5}), (MAC122, {6,6,6})}), (João, {(MAC 110, {10,9,10}), (MAC123, {10,5,0})}), (Maria, {(MAC444, {10,10,9}, (MAC555, {5,4,6}), (MAC111, {3,4,5})}), (Pedro, {(MAC122), {1,1,1})})}
Matemática	...
Estatística	...

A consulta a seguir retorna um conjunto de tuplas, correspondentes aos alunos do departamento "Computação".

```
select  Alunos
from    Departamentos
where   NomeDep = "Computação"
```

resultado:

94 O MODELO OER (OBJECT ENTITY-RELATIONSHIP)

```
{ (José, { (MAC110, { 5,4,5} ),   (MAC122, { 6,6,6} )} ),
  (João, { (MAC 110, { 10,9,10} ), (MAC123, { 10,5,0} )} ),
  (Maria, { (MAC444, { 10,10,9} , (MAC555, { 5,4,6} ), (MAC111, { 3,4,5} )} ),
  (Pedro, { (MAC122), { 1,1,1} )} )} )
```

Poder-se-ia aplicar alguma restrição no atributo multivalorado, o que pode ser feito com uma consulta encadeada com uma cláusula where adequada. Na relação acima, vamos selecionar os nomes de alunos do departamento computação matriculados em "MAC-110" e suas notas nessa disciplina.

```
select [ select NomeAluno, [ select Notas
                             from    Disciplinas
                             where   CodDisc = "MAC110"]
         from   Alunos
         where  CodDisc = "MAC110"]
from   Departamentos
where  NomeDept = "Computação"
```

Na consulta mais externa, são selecionados todas as linhas da relação Alunos, cujo nome do departamento é "Computação". O primeiro atributo desejado nesse nível mais externo é NomeAluno; no entanto, deseja-se qualificá-lo apenas para aqueles que tenham matrícula em MAC110. O segundo atributo é Notas com sua qualificação novamente de MAC110. Se essa restição não fosse feita, todas as notas do aluno seriam selecionadas, não somente as da disciplina MAC110. No nível seguinte, são selecionados alunos que são matriculados em "MAC110". O comando tem como resposta o conjunto a seguir.

```
{ (José, { 5,4,5} ), (João, { 10,9,10} )}
```

Vamos definir um novo comportamento para a cláusula where: quando usamos os operadores in e contains, para um atributo multivalorado composto, como no caso de disciplinas, o símbolo especial '*' (asterisco) faz com que os valores deste atributo sejam sempre aceitos. No exemplo, todos os alunos que estiverem matriculados em "MAC110", independentemente das notas são selecionados.

```
select [ select NomeAluno
         from   Alunos
         where  ("MAC110", *) in Disciplinas]
from   Departamentos
where  NomeDept = "Computação"
```

As cláusulas where da consulta podem ser colocadas no nível mais externo. Isso se justifica, pois em uma possível implementação física de nosso modelo, em uma busca seqüencial, varrem-se as linhas mais externas, e para cada uma dessas varre-se cada um de seus atributos, e assim por diante. No caso da existência de um índice, os ponteiros da B-Árvore de um índice apontam para as linhas da relação mais externa, sendo então feita a varredura pelos atributos da linha apontada. O novo formato da consulta é:

LINGUAGEM DE CONSULTA/MANIPULAÇÃO DE DADOS   95

```
select [ select NomeAluno, [ select Notas
                                from    Disciplinas ]
           from   Alunos ]
from   Departamentos
where  NomeDept = "Computação" and
        NomeDisc = "MAC-110" and
        { ("MAC-110", *)} in Disciplinas
```

Nesse tipo de consulta, a interpretação deve ser a seguinte: cada atributo que ocorre na cláusula where deve ser entendido como sendo aplicado ao select das tuplas (em qualquer nível) que contêm esse atributo.

Vamos definir as funções de agregação para atributos multivalorados. No esquema da faculdade, vamos usar a função de agregação average para obter diversas médias. As funções de agregação desse tipo (average, sum, max, min), podem apenas ser aplicadas a atributos multivalorados simples e numéricos, ou senão para um atributo monovalorado (exatamente como na SQL). Por exemplo, para obter a média de um aluno em uma disciplina, faríamos a consulta a seguir

```
select [ select average [ select Notas
                                 from    Disciplinas
                                 where   NomeDisc = "MAC-110"]
           from   Alunos
           where  NomeAluno = "João"]
from   Departamentos
where  NomeDept = "Computação"
```

resultado:

```
9.666
```

Na consulta a seguir, pedimos os nomes e as médias de todos os alunos em uma determinada disciplina, no caso, "MAC110", para o departamento de computação:

```
select [ select NomeAluno, average [ select Notas
                                           from    Disciplinas
                                           where   NomeDisc = "MAC-110"]
           from   Alunos
           where  CodDisc = "MAC110"]
from   Departamentos
where  NomeDept = "Computação"
```

resultado:
```
José 4.666
João 9.666
```

Se o valor do atributo forem vários conjuntos, pode-se usar o operador union em conjunto com o de agregação para o cálculo. Por exemplo, se quisermos calcular a média das notas de todos os alunos em todas as disciplinas, podemos fazer a consulta:

96 O MODELO OER (OBJECT ENTITY-RELATIONSHIP)

```
select average union [ select union [ select Notas
                                                from    Disciplinas ]
                              from    Alunos ]
from    Departamentos
where   NomeDept = "Computação"
```

Para efetuar o processamento entidade a entidade, definimos o comando find (inspirado do SGBD ZIM) com funcionamento muito similar ao select, com uma diferença: a resposta, ao invés de ser devolvida como um conjunto de tuplas, é devolvida tupla a tupla. Isso possibilita a inserção de comandos da linguagem de programação de nosso sistema para cada tupla da resposta da consulta. Se houverem atributos multivalorados nas tuplas, estas podem ser processadas elemento a elemento através de outro comando find encadeado. Para exemplificar o comando find, vamos calcular a média em MAC110 dos alunos do departamento de computação sem utilizar a função de agregação:

```
var

   float total;
   int   count;

// Obtém um aluno do departamento por vez, executando como um loop
// até o comando end find
find   Alunos
from   Departamentos
where  NomeDept = "Computação" and
       CodDisc = "MAC110"
   total = 0
   count = 0
   // Obtém as notas da disciplina. É retornado um valor de nota por
   // vez
   find Notas
   from Disciplinas
   where CodDisc = "MAC110"
     total += Notas
     count ++
   end find
   // calcula média
   Media = total/count
   // imprime resultado
   print( NomeAluno, Media );
end find
```

Para poder abandonar a malha de iteração definida por um comando find, antes de esgotar todas as tuplas buscadas por esse comando, propomos o comando exitfind.

Para se fazer alterações nos atributos de um objeto localizado por um find, pode-se simplesmente, dentro de uma malha, atribuir novos valores para os atributos, seguindo-se a execução de um comando update que produz a gravação dos atributos alterados. Já para criar um novo objeto dentro de uma malha de um find, usa-se simplesmente o comando insert em lugar do update. Para excluir o objeto atual, basta executar o comando delete dentro da malha.

Quando a cláusula form do comando find usa relacionamentos, todos os atributos das entidades relacionadas e dos relacionamentos ficam disponíveis dentro da malha.

Vamos definir outros comandos para manipulação dos dados. Para inserir uma nova entidade no banco de dados, usa-se o comando insert.

```
insert entity Aluno
        ( Nome="Bill Gates", NumUSP="123456", RG="1123211" )
```

Esse comando cria um objeto entidade aluno, atribuindo os valores iniciais às variáveis conforme indicado.

Para criar relacionamentos, utiliza-se o comando insert relationship, que é um pouco mais complexo:

```
insert relationship Matriculas ( Semestre = 2, Ano = 1997 )
  for Alunos where Aluno.NumUSP = 123456 and
  for Disciplinas where Disciplinas.Codigo = "MAC-110"
```

No exemplo, estamos criando um relacionamento entre as entidades selecionadas pelas cláusulas for, além de dar os valores dos atributos do relacionamento.

Para modificar entidades e relacionamentos, utiliza-se o comando update entity e update relationship.

```
update entity Aluno (Rua = "R São Joao")
  where Aluno.Nome = "Roberto Carlos"
```

Esse comando altera a rua de todos os alunos de nome "Roberto Carlos". Para alterar uma única entidade, seria interessante que a cláusula where incluísse um atributo chave. Uma extensão necessária para atributos multivalorados é a de adição ou exclusão de um valor ou substituição de todos os valores anteriores. No comando a seguir, adicionam-se dois novos números de telefone a uma pessoa com o RG especificado.

```
update entity Pessoa (Telefone = add { 2223355, 5554467} )
  where Pessoa.RG = 123456
```

Para excluir valores do atributo multivalorado, pode-se usar o comando sub

```
update entity Pessoa (Telefone = sub { 2223355, 5554467} )
  where Pessoa.RG = 123456
```

Nesse caso, os números de telefone na lista são excluídos, se eles pertencerem ao atributo. Para esses comandos, quando o atributo multivalorado é composto, pode ser usado o asterisco (*) para indicar que o valor desta componente do atributo não tem importância.

Para modificar toda a lista de telefones da pessoa, basta usar uma atribuição normal.

```
update entity pessoa (Telefone = { 2223355, 5554467, 5556276} )
  where pessoa.RG = 123456
```

98 O MODELO OER (OBJECT ENTITY-RELATIONSHIP)

Para modificar os atributos de um relacionamento, a sintaxe será parecida com a inclusão.

```
update relationship Matriculas ( Semestre = 2, ano = 1998 )
  for Alunos where Aluno.NumUSP = 123456 and
  for Disciplinas where disciplinas.codigo = "MAC-110"
```

Nesse comando, é modificado o ano de matrícula nos relacionamentos entre as entidades selecionadas. Para modificar atributos multivalorados, podem ser usados os comandos add e sub, analogamente às entidades. Não há modificação das entidades que participam de um relacionamento, uma vez que isso indicaria o fim de um relacionamento entre as entidades, o que pode ser feito com a exclusão e inclusão de um novo relacionamento.

Para excluir elementos do banco de dados, usamos o comando delete de sintaxe semelhante à SQL:

```
delete entity alunos
where alunos.nome = "João de Nada"
```

Esse comando exclui todos os alunos com o atributo com o valor especificado pela cláusula where. Da mesma forma que no comando select, pode-se fazer exclusões a partir de relacionamentos do esquema ER, como a seguir:

```
delete entity alunos matriculados_em disciplinas
where disciplinas.codigo = "MAC-110"
```

Se a entidade em questão for relacionada com outra entidade, o relacionamento automaticamente também é excluído, se isso for permitido pelas restrições de integridade. No exemplo, se o aluno estiver relacionado com alguma disciplina pelo relacionamento Matrículas, o objeto relacionamento correspondente é excluído, a não ser que o número mínimo de alunos não seja mantido. Se isso ocorrer, deve ser dada uma mensagem de erro, e opcionalmente pode-se confirmar a exclusão.

Para excluir um relacionamento explicitamente, vamos introduzir o comando delete relationship, de sintaxe semelhante ao insert relationship.

```
delete relationship Matriculas
  for Alunos where Aluno.NumUSP = 123456 and
  for Disciplinas where disciplinas.codigo = "MAC-110"
```

Esse comando exclui os relacionamentos criados no comando insert relationship mostrado anteriormente.

Todos os comandos apresentados, além de servirem como linguagem de consulta *ad hoc*, seriam nativos de uma linguagem de 4.ª geração, para a criação de aplicativos utilizando nosso modelo de dados.

8.5 — COMPARAÇÃO DO OER COM SISTEMAS EXISTENTES

A seguir apresentamos um quadro comparativo dos principais sistemas de BDOO existentes com o OER.

	OER	O_2	Poet	Jasmine	Object Store	SIM	Cactis	SQL Server	Postgres	ZIM
Tipo	MER estendido	OO	OO	OO	OO	OO	Baseado no MER	MR	MR estend.	Baseado no MER
Declaração de relacionamentos	Sim	Não	Não	Não	Não	Não	Sim	Não	Não	Sim
Relacionamentos N para N declarados	Sim	Não	Não	Não	Não	Não	Não	Não	Não	Sim
Uso dos relacionamentos nas consultas	Sim	Não	Não	Não	Não	Não	Não	Não	Não	Sim
Métodos	Sim	Sim	Sim	Sim	Sim	Sim	Sim	Não	Não	Não
Atributos muitivalorados	Sim	Sim(1)	Sim(1)	Sim(1)	Sim(1)	Sim	Sim (1)	Não	Não	Não
Tipos complexos de dados	Sim	Sim	Sim	Sim	Sim	Sim	Sim	Não	Sim	Não
Linguagem de consulta para atributos multivalorados	Sim	Não	Não	Não	Não	Não	Não	Não	Não	Não
Ortogonalidade da persistência	Sim	Sim	Não	Sim	Sim	Sim	Sim	-	Sim	-
Herança múltipla	Sim	Sim	Não	Sim	Sim	Sim	Sim	Não	Sim	Não
Integrado com linguagem de 4.ª geração	Sim	Não	Não	Não	Não	Não	Não	Não	Não	Sim
Integridade referencial	Sim	Sim	Sim	Sim	Sim	Sim	Sim	Sim	Sim	Sim
Regras	Não	Não	Não	Não	Não	Não	Não	Sim	Sim	Não

(1) Os sistemas em questão possuem conjuntos, vetores e "bags", que podem ser considerados como multivaloradados.

8.6 EXTENSÕES DO OER

Neste trabalho, o sistema implementado não incorpora todos os conceitos e idéias que tivemos. Dos pontos a continuar em nosso trabalho enumeramos os seguintes:

8.6.1 — LINGUAGEM DE CONSULTA E SUA IMPLEMENTAÇÃO

Anteriormente descrevemos através de exemplos o que poderia ser a linguagem de

100 O MODELO OER (OBJECT ENTITY-RELATIONSHIP)

consulta de manipulação de dados de um sistema que incorporasse nosso modelo. Um estudo mais profundo na sintaxe dos comandos, para evitar possíveis ambigüidades seria bastante interessante para complementar nosso modelo.

Outro aspecto seria o da implementação da linguagem de consulta apresentada. Alguns dos comandos exemplificados poderiam ser traduzidos em consultas na linguagem OQL, como por exemplo na consulta simples.

```
select aluno.nome
where  aluno.NumUSP = 1234
```

Não é necessária nenhuma transformação sintática para traduzir essa consulta. Se a consulta possuir atributos calculados, como média de um atributo multivalorado (no caso de médias das notas), consultas a atributos complexos (atributos compostos multivalorados, por exemplo), chamadas de métodos ou relacionamentos, as consultas podem não ter mais uma tradução tão trivial, podendo ser necessário, em alguns casos, traduzir as consultas para a linguagem C ou C++.

A definição formal de operadores e da linguagem de consulta para atributos multivalorados com níveis arbitrários de complexidade também representa uma boa área para mais estudos[1]. Em nossa proposta de linguagem de consulta, apresentamos apenas alguns exemplos de consultas a esquemas mais complexos. Também se torna importante a otimização de tais consultas.

8.6.2 — DEFINIÇÃO E IMPLEMENTAÇÃO DA LINGUAGEM DE PROGRAMAÇÃO

Como citado em nossa crítica, ao invés de se dar persistência a objetos das linguagens de 3.ª geração, poder-se-ia estender as linguagens de 4.ª geração para acomodar alguns conceitos da orientação a objetos.

Em nosso sistema, poderíamos ter uma linguagem desse tipo, com instruções de alto nível para manipulação de telas e formulários, e de processamento registro a registro, além de possuir como tipos de dados nativos nossos elementos do modelo (entidades, atributos), para resolver o problema do não-casamento de impedâncias. Outra característica seria que a linguagem de consulta faria parte dessa linguagem, além de comandos de controle de fluxo tradicionais. Com isso, seria obtida a completeza computacional, considerada característica importante para os BDOO.

8.6.3 — OUTRAS QUESTÕES DA IMPLEMENTAÇÃO

Em nosso modelo, não foram tratados os casos de especialização exclusiva e inclusiva. Na linguagem C++, quando há herança múltipla, a classe sempre é subclasse de todas as superclasses. Por isso não se fez a implementação desses casos, uma vez que a herança foi a mesma do modelo do Poet. Talvez com o uso de outro BDOO ou com outra modelagem as heranças inclusiva e exclusiva possam ser tratadas satisfatoriamente.

O Poet possui um bom esquema para o controle de acesso aos dados. Um esquema de segurança semelhante poderia ser adotado no sistema, sendo possível a atribuição de direitos de leitura e escrita para cada atributo de cada entidade, além do direito de se fazer consultas através de relacionamentos.

Outra face seria o de controle transacional, de controle de concorrência e de distribuição de dados. Esses assuntos, por fugirem do escopo deste trabalho, não foram tratados, porém são de grande importância para a implementação de um SGBD que utilize nosso modelo de dados.

8.7 — REFERÊNCIAS

Propostas para o mapeamento ER-OO foram feitas por Narasimha et al em [NAR 93], por Elmasri e Navathe em [ELM 94] e também por Fong em [FON 97]. Maiores detalhes sobre a implementação do OER pode ser encontrada em [NAS 97].

Apêndice 1
Análise Orientada a Entidade-Objeto

9.1 — INTRODUÇÃO

Neste apêndice, fazemos uma breve incursão no problema da Análise Orientada a Objetos (AOO), para em seguida apresentar nossa proposta original desse tipo de análise, que denominamos de Análise Orientada a Entidade-Objeto (AOE-O).

As idéias aqui apresentadas são um resumo da dissertação de mestrado de Magda A.S. Duro, que foi orientada pelo 2.º autor [DUR 98].

9.2 — AOO TRADICIONAL

Examinando-se os textos de AOO, como por exemplo [PAG 97], fica claro que eles apresentam a velha análise de dados com duas diferenças: diagramas representando classes em lugar de entidades e relacionamentos, e a análise funcional por meio de especificação de métodos com notações gráficas especiais para a ativação de métodos (através de envio de mensagens). A análise de dados é feita concomitantemente com a funcional, devido à própria natureza das classes, que englobam ambos.

Em nossa opinião, não há razão para se introduzir uma notação diferente e muito mais pobre para a parte de dados, pois a notação de entidades e relacionamentos estabelece diferenças fundamentais ligadas à semântica dos dados: um objeto físico (representado por uma entidade) é obviamente diferente de uma associação do mesmo com outro objeto (representada por um relacionamento). Além disso, no modelo apresentado neste livro temos distinções adicionais para atributos multivalorados, especializações, etc. A representação por meio de classes peca por pobreza semelhante à do Modelo Relacional; neste, tudo é reduzido a relações (tabelas) sem a semântica dos relacionamentos, especializações, etc. Nas classes, pelo menos existe a representação das especializações, através do mecanismo de herança, mas não existem mecanismos nem representação para relacionamentos genéricos, atributos multivalorados, agregações (no sentido do MER), etc.

APÊNDICE I — ANÁLISE ORIENTADA A ENTIDADE-OBJETO

Devido à nossa experiência pessoal em dezenas de projetos, concluímos que a análise deve começar pela análise de dados, para em um certo ponto principiar-se a abordar os procedimentos (métodos) e o encapsulamento.

9.3 — FASE I DA AOE-O: ANÁLISE MACROSCÓPICA DE DADOS

Numa primeira fase, nossa metodologia faz uma análise de dados tradicional, usando o MER estendido apresentado neste livro, limitada ao projeto de entidades, relacionamentos, especializações, agregações, atributos multivalorados, e alguns atributos monovalorados colocados apenas quando servem para melhor caracterizar os elementos sendo projetados. Denominamos o MER resultante de Modelo de Entidades e Relacionamentos Inicial (MERI).

Na Figura 32 mostramos um exemplo de um MERI para o setor comercial de uma empresa real atacadista de produtos alimentícios. Cremos que o diagrama é razoavelmente auto-explicativo. Observe-se que o relacionamento Itens das Refers. é tracejado pois ele é temporário (notação introduzida por Magda A.S. Duro); Referências diz respeito a referências sobre clientes em potencial, obtidas fazendo-se um contato com empresas que já fizeram negócios com esses clientes. Uma vez que um novo cliente é aprovado, as referências são eliminadas. NFs representam as notas fiscais emitidas sobre os pedidos de venda. Ordens Com Req. Sem Cot. é uma abreviação para ordens de compra sem requisição e cotação de compra; as restantes ordens são análogas.

Em nossa experiência, com alguma prática pode-se fazer um MERI desses muito rapidamente, não sendo necessário entrar nos detalhes da funcionalidade dos elementos modelados. Obviamente, durante essa fase deve-se estudar a funcionalidade, mas apenas o suficiente para entender o que significam os dados.

Uma vantagem extraordinária de uma tal análise de dados é que o MERI daí resultante representa uma síntese extremamente compacta dos dados e também das aplicações. Por exemplo, observando-se a Figura 32, fica óbvio que cotações de venda são feitas por vendedores e que dão origem posteriormente aos pedidos, que por sua vez serão a base para a confecção das notas fiscais.

Dessa maneira, consegue-se rapidamente um modelo sobre o qual se pode começar a entrar sistematicamente na análise detalhada das aplicações e dos dados.

9.4 — FASE II - SEGMENTAÇÃO DO MERI

Conhecendo-se as aplicações do sistema sendo desenvolvido de maneira global, sem detalhes, deve-se agrupar o MERI em *segmentos*, delimitando-se os elementos que pertençam a cada segmento. Assim, por exemplo, o MERI do setor comercial da empresa da \h Figura 32 pode ter os seguintes segmentos (damos seus nomes em maiúsculas para distinguir das aplicações correspondentes no mundo real): Compras, Vendas, Produtos, Clientes e Funcionários. Como veremos, a segmentação é uma ferramenta para se definir o primeiro nível de encapsulamento dos dados e dos métodos.

Os segmentos devem constituir uma *partição* do MERI, isto é, um elemento do MERI que está em um determinado segmento não deve estar em outro segmento diferente, e a união de todos os segmentos deve dar o MERI original completo.

FASE II - SEGMENTAÇÃO DO MERI | 105

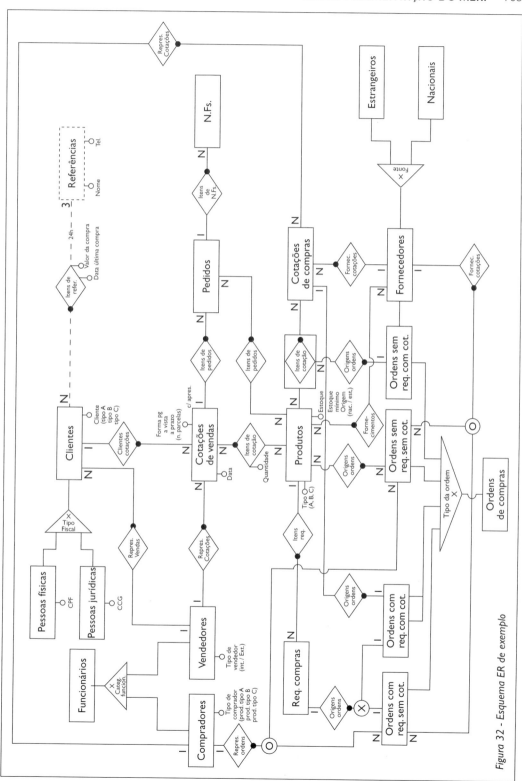

Figura 32 - Esquema ER de exemplo

106 *APÊNDICE I — ANÁLISE ORIENTADA A ENTIDADE-OBJETO*

Os elementos de um segmento devem ter comportamentos afins, como por exemplo a entidade Fornecedores claramente estará no segmento Compras, junto com Requisições de Compra, Ordens de Compra, etc.

Apresentamos na Figura 33 a segmentação do exemplo da Figura 32

Obviamente, a segmentação depende de intuição e experiência. Por exemplo, por que propusemos um segmento Clientes mas não propusemos um segmento Fornecedores, colocando em vez disso a entidade correspondente a este último no segmento Compras? A resposta é que consideramos os Clientes como absolutamente fundamentais e de complexidade suficiente para formar um segmento à parte. Por outro lado, as informações sobre fornecedores não é tão crítica æ afinal, a mentalidade de hoje em dia é que o cliente constitui a alma do negócio... Provavelmente haverá muito mais informações sobre os clientes do que sobre os fornecedores æ fora o fato de se ter eventualmente outras entidades no segmento, como referências sobre os clientes.

Em nosso exemplo, o segmento Produtos contém exclusivamente a entidade Produtos. A decisão de constituir um segmento só com uma entidade deve-se aqui ao fato do produtos serem a parte central do negócio, e participarem em vários segmentos. De fato, vendas e compras obviamente envolvem produtos.

Às vezes não é claro decidir se um conjunto de entidades pertence a um ou outro segmento. Por exemplo, a entidade Cotações de Compra deveria estar no segmento de produtos ou no de compras? Pensando-se que o segmento de produtos deveria ser o mais independente possível de todos os outros, optamos por colocar as cotações no segmento de compras.

Uma questão essencial é onde colocar os conjuntos de relacionamentos. Por exemplo, em que segmento deveria ser colocado o relacionamento entre Clientes e Cotações de Vendas (mostrando para qual cliente foi montada uma cotação)? Ele poderia estar tanto no segmento de vendas como no de clientes. Decidimos colocá-lo no segmento de vendas, pois somente quando se está num processo de vendas é que se usa esse relacionamento.

Se um relacionamento é usado igualmente æ tanto em freqüência como em importância æ nos comportamentos de dois segmentos, pode-se decidir arbitrariamente pela inclusão em qualquer deles.

9.5 — FASE III - DEFINIÇÃO DE SUBSISTEMAS E SUA COMUNICAÇÃO

Vamos denominar de *subsistema* a uma parte do sistema que encapsula um segmento do MERI com os comportamentos das informações dos elementos do MERI contidos nesse segmento. Usando a notação tradicional de orientação a objetos, denominaremos de *método* a descrição de um comportamento elementar, isto é, que não é composto de vários comportamentos.

Assim, por exemplo, o subsistema Produtos conterá o segmento Produtos do MERI, o conjunto de entidades Produtos desse segmento e os métodos que descrevem o comportamento das informações dos produtos na empresa. Exemplos desses métodos seriam o cadastramento e busca de produtos, a baixa de quantidades em estoque na venda e o seu

FASE III - DEFINIÇÃO DE SUBSISTEMAS E SUA COMUNICAÇÃO | 107

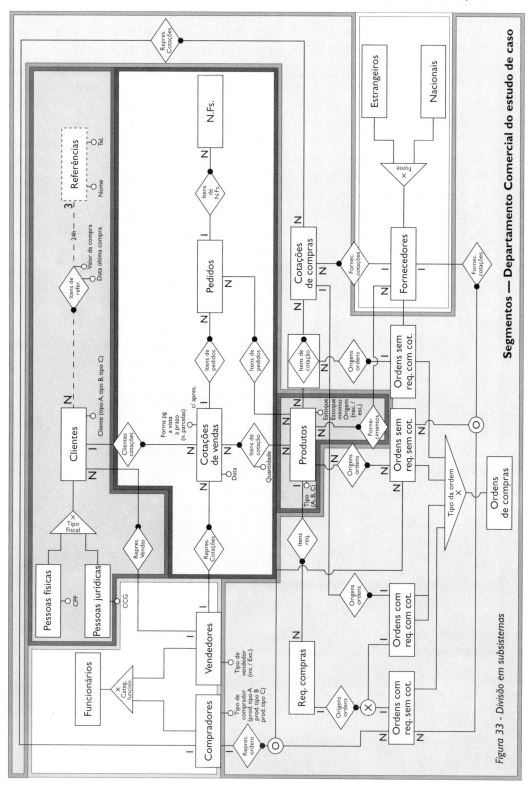

Figura 33 - Divisão em subsistemas

Segmentos — Departamento Comercial do estudo de caso

108 *APÊNDICE I— ANÁLISE ORIENTADA A ENTIDADE-OBJETO*

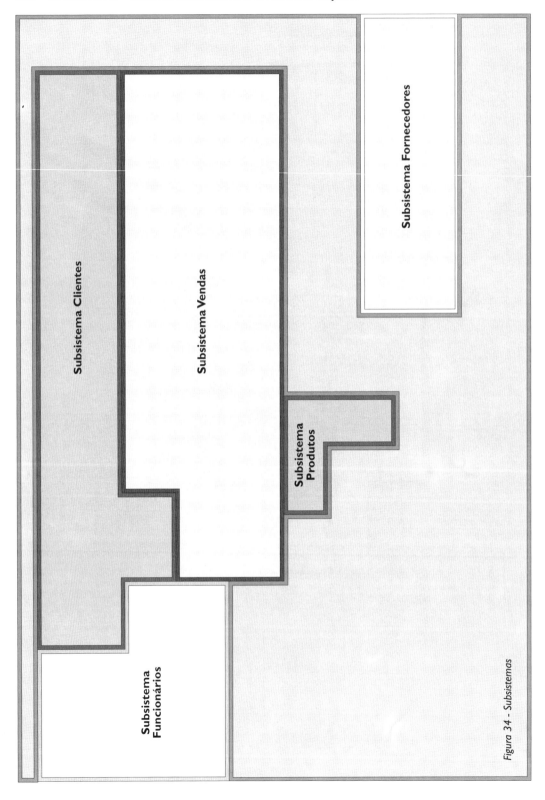

Figura 34 - Subsistemas

aumento na entrega referente a uma compra, e o disparo de compras de um produto que atingiu o seu nível mínimo no estoque.

Portanto, a cada segmento do MERI corresponde um subsistema. Definidos os segmentos na fase 2, deve-se proceder à descrição dos métodos das aplicações referentes ao subsistema. Isso pode ser feito de duas maneiras distintas: partindo-se dos elementos do MERI presentes em cada subsistema, ou partindo-se das aplicações conhecidas na empresa.

Definidos os subsistemas, passa-se à construção de um diagrama de fluxo de dados (DFD) da comunicação entre os subsistemas. A figura 35 representa um possível DFD para o nosso exemplo. Note-se que numeramos os fluxos, para poder descrevê-los. Damos abaixo algumas dessas descrições; a listagem de todas pode ser encontrada em [DUR 98]:

1 a) Solicita dados sobre produtos (quantidade em estoque); b) Envia informações sobre produtos (quantidade comprada).

2 a) Fornece dados solicitados; b) Dispara requisições automáticas de compras baseadas em estoques baixos.

3 a) Solicita dados sobre produtos; b) Informa pedidos confirmados para ser dada baixa no estoque.

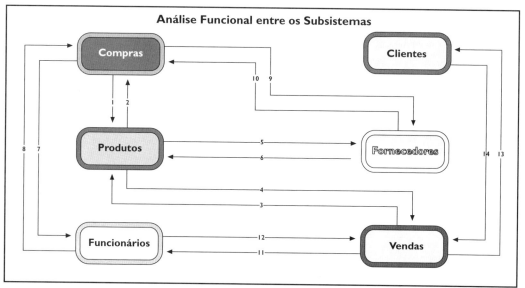

Figura 35 - DFD

9.6 — FASE IV - DEFINIÇÃO E DFD DOS MÓDULOS DE CADA SUBSISTEMA

A descrição dos métodos inicia-se com a confecção de Diagramas de Fluxos de Dados (DFDs) de cada subsistema. Uma DFD de um subsistema mostra os *módulos* que o compõem. Um módulo contém alguns elementos do segmento do subsistema e seus métodos; no entanto, no DFD de um subsistema só devem aparecer os elementos do segmento que forem projetados como globais, isto é, usados por vários módulos. Por exemplo, no subsistema de produtos, seria interessante ter um módulo de acesso à entidade Produtos; qualquer método do subsistema que precise de algum dado de Produtos usa aquele método para o acesso, tanto

APÊNDICE I — ANÁLISE ORIENTADA A ENTIDADE-OBJETO

para a busca quanto para a mudança de uma informação de um produto. Com isso, garante-se o encapsulamento dos dados e seus métodos.

Na figura 36 mostramos como exemplo concreto a DFD do subsistema de vendas das figuras 33 e 34. Os módulos do subsistema estão representados como trapézios, e os outros subsistemas com os quais este se comunica estão representados como na figura 35 por retângulos arredondados; retângulos representam as tradicionais entidades externas dos DFDs. Note-se que não foram representados repositórios e dados, pois eles são todos internos aos módulos, sendo encapsulados dentro deles. Se uma entidade ou relacionamento de um segmento/subsistema fosse usada por vários módulos, sem que claramente pertença a nenhum, poderá ser representada explicitamente. Mas mesmo nesse caso possivelmente seria mais interessante criar um módulo somente para fazer o acesso a esses dados, encapsulando-os.

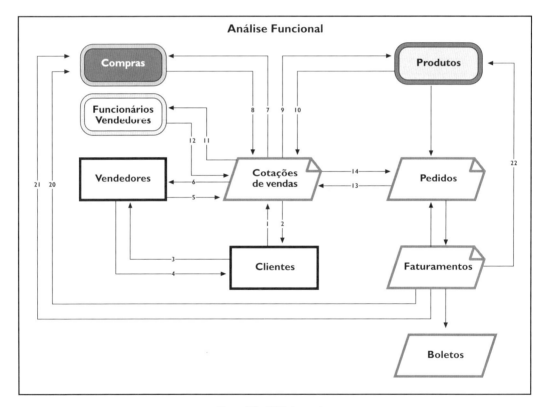

Figura 36 - DFD de vendas

Damos abaixo o significado de alguns dos fluxos da fig. 36, para exemplificá-los.

(1) Auto-atendimento (Internet): a) Cliente fornece identificação; b) Solicita informações dos produtos que ele deseja; c) Fornece informações adicionais (quantidade, etc.).

(2) Auto-atendimento:
    a) Solicita informações
        i) Identificação do cliente

ii) Produtos
iii) Adicionais sobre o cliente
b) Informa dados
i) Situação do cliente na empresa
1) Cliente existente com limite de crédito aprovado
2) Cliente sem esse limite æ compras à vista
3) Cliente novo para compra à vista
4) Cliente novo para compra a prazo (ficha cadastral terá de ser aprovada
ii) Informa dados dos produtos solicitados
1) Descrição dos produtos
2) Tipo de unidade de medida para escolha
3) Valor unitário em relação ao tipo de embalagem escolhida
(3) Atendimento através de vendedor
a) Idem a (1)

9.7 — ANÁLISE FUNCIONAL DOS MÓDULOS

Na figura 37 apresentamos a DFD do módulo Faturamentos. Os retângulos arredondados somente à esquerda ou à direita indicam rotinas (métodos) do módulo. Note-se o aparecimento de um repositório de dados, Notas Fiscais, que pertence ao módulo.

Nessa fase entra-se no projeto das telas; no exemplo, deve haver um "botão" para ativar a geração da nota fiscal, sua impressão e o armazenamento de seus dados.

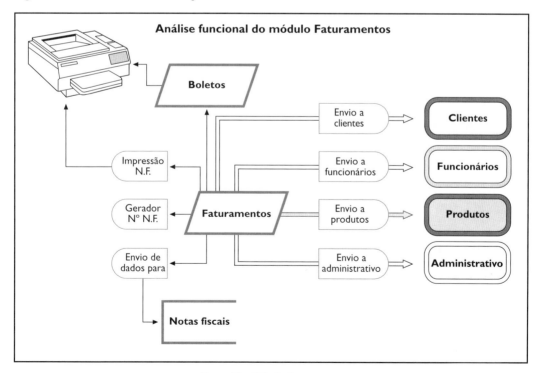

Figura 37 - DFD de faturamentos

9.8 — IMPLEMENTAÇÃO

Se for usado um gerenciador de bancos de dados orientado a objetos, como os descritos neste livro, o encapsulamento estabelecido nesta metodologia é implementado de maneira natural. Se for usado um gerenciador relacional, não se poderá encapsular os dados. Nesse caso, uma metodologia como a aqui resumida serve de ferramenta essencial para o encapsulamento lógico, isto é, por projeto. Obviamente, isso só vai funcionar se houver uma imposição de disciplina por parte da gerência do projeto. Um modelo relacional permite que se faça rotinas para o acesso irrestrito (a menos de autorizações) aos dados; com a nossa metodologia, deve-se impor que todo o acesso aos dados seja feito através das rotinas dos módulos, garantindo o encapsulamento lógico.

Um outro aspecto é o do uso de ferramentas orientadas para telas, como o Delphi, ou Visual Basic. Com a nossa metodologia, a confecção de protótipos de telas, a serem validados pelos usuários, fica fazendo parte integrante da metodologia e parte do encapsulamento.

apêndice 2
Locais na Internet

Alguns dos sistemas descritos em nosso trabalho são sistemas comerciais, com pouca literatura a respeito. Porém, hoje a maioria das empresas na área de computação possuem páginas na Internet, onde podem ser obtidas informações a respeito dos produtos. Durante nossa pesquisa, encontramos diversos locais na Internet, que listamos a seguir:

(1) http://www.o2tech.com - Página da O_2. Um grande destaque deste local é a utilização do O_2Web, ferramenta de integração dos BDOO O_2 com a Internet. Estão disponíveis também artigos sobre BDOO.

(2) http://www.poet.com/ - Página da Poet Software. Estão disponíveis versões de teste gratuitas, além de atualizações e alguns artigos sobre BDOO.

(3) http://www.objectstore.com/ - Página da ObjectStore. Possui formulário para receber gratuitamente um CD de demonstração do sistema.

(4) http://www.odmg.org/ - Página da ODMG. Possibilita pedido do livro que trata do padrão da ODMG, além de correções e revisões do padrão.

(5) http://www.versant.com/ - Página da Versant.

(6) http://www.cs.berkeley.edu/projects/ - Página do grupo de pesquisas da Universidade de Berkeley. Informações sobre a pesquisa no departamento, além de uma nova versão não comercial do Postgres, o Postgres 95.

(7) http://www.odi.com/ - Object Design Inc.

(8) http://www.objectivity.com/ - Objectivity.

(9) http://www.xcc-ka.de/OBST/OBST.html - Página em que é descrito o BDOO OBST+.

(10) http://www.unisql.com/ - Página da UniSQL.

(11) http://este.darmstadt.gmd.de/dimsys/vodak/vodak.html - Página em que é apresentado o VODAK.

(12) http://w3.iprolink.ch/ibexcom - Página da IBEX, desenvolvedora do ITASCA (antigo ORION).

114 APÊNDICE 2- LOCAIS NA INTERNET

(13) http://www.sybase.com/ - Página da Sybase, Banco de Dados Relacional.

(14) http://www.oracle.com/ - Página da Oracle, sistema também Relacional.

(15) http://www.cai.com/products/jasmine.htm - Página do Jasmine, comercializado pela Computer Associates.

Referências Bibliográficas

As referências que estão marcadas com um asterisco no final (*) foram consultadas e utilizadas. As demais servem apenas para completar a bibliografia.

[AGR 89] Agrawal, R. e Gehani, N., ODE (Object Database and Environment): The Language and the Data Model, *SIGMOD'89 Proceedings*, pp. 36-45, julho de 1989. (*)

[AND 91] Andrews, T., Programming with Vbase, em [GUP 91], 1991

[AND 91a] Andrews, T., et al., ONTOS: A Persistent Database for C++, em [GUP 91], 1991. (*)

[ATK 89] Atkinson, M., et al. The Object-Oriented Database System Manifesto, *Proceedings of the First International Conferecnce on Deductive and Object Oriented Databases, Kyoto, Japan.* Janeiro de 1989. (*)

[BAN 88] Bancilhon, F., et al, The Design and Implementation of O_2, an Object-Oriented Database System, *Proceedings of the 2nd International Workshop on OODBS.* Lecture Notes in Computer Science vol. 334. Setembro de 1988. (*)

[BAN 89] Bancilhon, F., Delobel, C., A Query Language for the O_2 Object-Oriented Database System. O_2 Technology Technical Report N° 2, 1989. (*)

[BAN 90] Bancilhon, F., Kim, W., Object-Oriented Database Systems: In Transition, *SIGMOD Record.* 19(4):49-53, dezembro de 1990. (*)

[BAN 92] Bancilhon, F., et al, *Building an Object-Oriented Database System: The Story of O_2*, Morgan Kauffman, 1992. (*)

[BAN 92a] Bancilhon, F., Understanding Object-Oriented Database Systems, O_2 Technology Technical Report N° 5, 1992. (*)

[BAN 87] Banerjee, J., et al, Data Model Issues for Object-Oriented Applications, *ACM Transactions on Office Information Systems,* 5(1):3-26, janeiro de 1987(*)

[BAT 86] Batory, D., et al. GENESIS: An Extensible Database Management System. Em [ZDO 90]. 1986.

[BER 91] Bertino, E., Martino, L., Object-Oriented Database Management Systems: Concepts and Issues, *IEEE Computer*, pp. 33-47, abril de 1991. (*)

[BJÖ 88] Björnerstedt, A., Britts, S., AVANCE: An Object Management System, *OOPSLA' 88 Proceedings*, pp. 206-221, setembro de 1988. (*)

[BRE 89] Bretl, R., et al., The GemStone Data Management System, em [KIM 89], 1989. (*)

REFERÊNCIAS BIBLIOGRÁFICAS

[BUT 91] Butterworth, P., et al., The GemStone Object Database Management System, *Communications of the ACM*, 34(10)64-77, outubro de 1991. (*)

[CAR 89] Carey, M., et al., Storage Management for Objects in EXODUS, em [KIM 89]. 1989.

[CAT 91] Cattell, R., *Object Data Management: Object-Oriented and Extended Relational Database Systems*, Addison Wesley, Janeiro de 1991. (*)

[CAT 91a] Cattell, R., Next Generation Database Systems, *Communications of the ACM*, 34(10):31-33, outubro de 1991. (*)

[CHE 76] Chen, P., The Entity-Relationship Model-Toward a Unified View of Data, *ACM Transactions on Database Systems*, 1(1):9-36, março de 1976. (*)

[COD 70] Codd, E., A Relational Model of Data for Large Shared Data Banks, *Communications of the ACM*, 13(6):377-387, junho de 1970. (*)

[COD 79] Codd, E., Extending the Database Relational Model to Capture More Meaning, *ACM Transactions on Database Systems*, 4(4):397-434, dezembro de 1979. (*)

[DAD 86] Dadam, P., et al., A DBMS Prototype to Support Extended NF_ Relations: An Integrated View on Flat Tables an Hierarchies, *SIGMOD Record*, 1986. (*)

[DAH 66] Dahl, O, Nygaard, K., SIMULA - an ALGOL-Based Simulation Language, *Communications of the ACM*, 9(9):671-678, setembro de 1966.

[DAM 91] Damon, C., Landis, G., Abstract State and Representation in Vbase, em [GUP 91], 1991.

[DAM 91a] Damon, C., C++ and COP: A Brief Comparison, em [GUP 91], 1991.

[DAR 95] Darwen, H., Date, C., Introducing the Third Manifesto, *Database Programming and Design*, pp. 25-35, janeiro de 1995. (*)

[DAR 95a] Darwen, H., Date, C., The Third Manifesto, *SIGMOD Record*, 24(1):39-49, março de 1995. (*)

[DAT 90] Date, C., *An Introduction to Database Systems*, vol 1, 5a. Edição, 1990. (*)

[DEU 90] Deux, O., The Story of O_2, *IEEE Transactions on Knowledge and Data Engineering*, 2(1):91-108, março de 1990. (*)

[DEU 91] Deux, O., et al, The O_2 System, *Communications of the ACM*, 34(10):34-48, outubro de 1991. (*)

[DIE 89] Diederich, J., Milton, J., Objects, Messages, and Rules in Database Design, em [KIM 89], 1989.

[DIT 86] Dittrich, K., et al., DAMOKLES - A Database System for Software Enginnering Environments, *Lecture Notes in Computer Science vol. 244*, pp. 353-371, janeiro de 1986. (*)

[DUR 98] Duro, Magda A. S., Analise e Programacao Orientada a Entidade-Objeto, Dissertação de Mestrado, Univ. Mackenzie, S.Paulo, 1998.(*)

[ELM 93] Elmasri, R., et al. Automatic Class and Method Generation for Object-Oriented Databases, *Lecture Notes in Computer Science vol. 760*, pp. 395-414, dezembro de 1993. (*)

[ELM 94] Elmasri, R., Navathe, S., *Fundamentals of Database Systems*, 2ª ed., Benjamin/Cummings, 1994. (*)

[EXE 94] Exertier, F., Haj Houssain, S., Issues in Extending a Relational System with Object-Oriented Features, *Proceedings of the International Sysposium in Object-Oriented Methodologies and Systems. Lecture Notes in Computer Science vol. 858*, pp. 1-19, setembro de 1994. (*)

[FIS 87] Fishman, D., et al., Iris: An Object-Oriented Database Management System, *ACM Transactions on Office Information Systems*, 5(1):48-69, janeiro de 1987. (*)

[FIS 89] Fishman, D., et al., Overview of the Iris DBMS, em [KIM 89], 1989. (*)

[FON 97] Fong, J., Converting Relational to Object-Oriented Databases, *SIGMOD Record*, 26(1):53-58. Março de 1997.(*)

[FOR 88] Ford, S., et al., ZEITGEIST: Database Support for Object-Oriented Programming, *Advances in Object-Oriented Database Systems. 2nd International Workshop on OODBS. Lecture Notes in Computer Science vol 334*, Setembro de 1988. (*)

[GOG 93] Gogolla, M., et al., Integrating the ER Approach in an OO Environment, *Entity-Relationship Approach - ER'93, 12th International Conference on the E-R Approach, Lecture Notes in Computer Science* *vol. 823*, Arlington, Texas, USA, dezembro de 1993. (*)

[GOG 93a] Gogolla, M., An Extended Entity-Relationship Model-Fundamentals and Pragmatics, *Lecture Notes in Computer Science vol. 767*, Springer-Verlag, outubro de 1993.

[GOL 83] Goldberg, A., Robson, D., *Smalltalk-80: the Language and its Implementation*, Addison-Wesley, 1983.

[GUP 91] Gupta, R., Horowitz, E., (ed.) *Object-Oriented Databases with Applications to CASE, Networks, and VLSI CAD*, Prentice Hall, 1991.

[GUP 91a] Gupta, R., Horowitz, E, A Guide to the OODB Landscape, em [GUP 91], 1991. (*)

[GUP 91b] Gupta, R., A Quickstart Introduction to C++, em [GUP 91], 1991.

[HAA 90] Haas, L., et al., Starbust Mid-Flight: As the Dust Clears, *IEEE Transactions on Knowledge and Data Engineering*, 2(1):143-159, março de 1990.

[HAR 91] Harris, C., Duhl, J., Object SQL, em [GUP 91], 1991.

[HEU 88] Heuer, A., Foundations of Relational Object Management Systems, *Advances in Object-Oriented Database Systems. 2nd International Workshop on OODBS. Lecture Notes in Computer Science vol 334*, Setembro de 1988.

[HOH 94] Hohenstein, U., et al., Object-Oriented Database Systems: How Much SQL Do They Understand?, *Database and Expert Systems Applications, Lecture Notes in Computer Science vol. 856*, janeiro de 1994.

[HOR 91] Horowitz, E., Wan, Q, An Overview of Existing Object-Oriented Database Systems, em [GUP 91], 1991. (*)

[HUD 89] Hudson, S., King, R., Cactis: a Self Adaptive, Concurrent Implementation of an Object-Oriented Database Management System, *ACM Transactions on Database Systems*, 14(3):291-321, setembro de 1989. (*)

[HUG 91] Hughes, J., *Object-Oriented Databases*, Prentice Hall, 1991. (*)

[JAG 89] Jagadish, H. V., Incorporating Hierarchy in a Relational Model of Data, *SIGMOD Record*, 1989.

[KHO 86] Khoshafian, S., Copeland, G., Object Identity, *OOPSLA'86 Proceedings*, setembro de 1986. (*)

[KHO 88] Khoshafian, S., Frank, D., Implementation Techniques for Object Oriented Databases, *Advances in Object-Oriented Database Systems. 2nd International Workshop on OODBS. Lecture Notes in Computer Science vol 334*, Setembro de 1988.

[KHO 93] Khoshafian, S., *Object Oriented Databases*, Ed. John Wiley & Sons, 362 pp. 1993. (*)

[KHO 93] Khoshafian, S., *Bancos de Dados Orientados a Objeto*, Tradução, Ed. John Wiley & Sons, 1993. (*)

[KIM 88] Kim, W., et al., Integrating an Object-Oriented Programming System with a Database System, *OOPSLA'88 Proceedings*, pp. 142-152, setembro de 1988.

[KIM 89] Kim, W., Lochovsky, F., (ed.), *Object-Oriented Concepts, Databases and Applications*, ACM Press, 1990. (*)

[KIM 89a] Kim, W., et al., Features of the ORION Object-Oriented Database System, em [KIM 89], 1989. (*)

[KIM 90] Kim, W., et al., Architeture of the ORION Next-Generation Database System, *IEEE Transactions on Knowledge and Data Enginnering*, 2(1):109-124, março de 1990. (*)

[KIM 90a] Kim, W., *Introduction to Object-Oriented Databases*, MIT Press, 1990. (*)

[KIM 91] Kim, W., et al., A Distributed Object-Oriented Database System Supporting Shared and Private Databases, *ACM Transactions on Information Systems*, 9(1):31-51, janeiro de 1991. (*)

[KON 91] Konstantinov, G., Transition to Object-Oriented Development: Promoting a New Paradigm, em [GUP 91], 1991.

[KOR 86] Korth, H., Silberschatz, A., *Database Systems Concepts*, 2nd edition, McGraw-Hill, Inc, 1986. (*)

[KOR 86] Korth, H., Silberschatz, A., *Sistema de Banco de Dados*, tradução, 2.ª edição revisada, Makkron Books, 1986. (*)

REFERÊNCIAS BIBLIOGRÁFICAS

[LAM 91] Lamb, C., et al., The Objectstore Database System, *Communications of the ACM,* 34(10):50-63, outubro de 1991. (*)

[LOH 91] Lohman, G., et al., Extensions to Starbust: Objects, Types, Functions and Rules, *Communications of the ACM,* 34(10):94-109, outubro de 1991.

[LOO 93] Loomis, M., et al, The ODMG Object Model, *Journal of Object-Oriented Programming,* pp. 64-69, junho de 1993. (*)

[LOO 93a] Loomis, M., Object Database Semantics, *Journal of Object-Oriented Programming,* pp. 26-33, julho de 1993. (*)

[LOO 93b] Loomis, M., Object Programming and Database Management: Differences in Perspective Between the Two, pp. 31-34, *Journal of Object-Oriented Programming,* maio de 1993. (*)

[LOO 94] Loomis, M., ODBMS Myths and Realities, *Journal of Object-Oriented Programming,* pp. 77-80, julho de 1994. (*)

[LOO 94a] Loomis, M., Hitting the Relational Wall, *Journal of Object-Oriented Programming,* pp. 56-71, janeiro de 1994. (*)

[MAI 86] Maier, D., et al., Development of an Object-Oriented DBMS, *OOPSLA'86 Proceedings,* pp. 472-481, setembro de 1986. (*)

[MAK 77] Makinouchi, A., A Consideration on Normal Form of Not-Necessarily-Normalized Relations in the Relational Data Model, *Proc. 3rd International Conference on Very Large Data Bases,* pp. 447-453, 1977.

[NAR 93] Narasimhan, B., et al., On Mapping ER and Relational Models into OO Schemas. *Entity-Relationship Approach-ER'93, 12th International Conference on the E-R Approach, Arlington, Texas, Lecture Notes in Computer Science vol. 823,* dezembro de 1993. (*)

[NAS 97] Nassu, Eugênio A., Bancos de Dados Orientados a Objetos e uma Proposta para um Modelo Conceitual, dissertação de mestrado, IME-USP, 1997. (*)

[OZS 87] Özsoyoglu, G., et al., Extending Relational Algebra and Relational Calculus with Set-Valued Attributes and Aggregate Fucntions, *ACM Transactions on Database Systems,* 12(4):566-592, dezembro de 1987. (*)

[OZS 87a] Ozsoyoglu, Z., Yuan, L., A New Normal Form for Nested Relations, *ACM Transactions on Database Systems,* 12(1):111-136, março de 1987.

[PAG 95] Page-Jones, Meilir, *What Every Programmer Should Know About Object-Oriented Design,* Dorset House Publishing, 370 p., 1995. (*)

[PAG 97] Page-Jones, Meilir, O quê todo Programador deve saber sobre Projeto Orientado a Objetos, tradução de [PAG 95], Makron, 1997.

[POO 87] Pooley, R., *An Introduction to Programming in SIMULA,* Blackwell Scientific Publications, 1987.

[POS 94] The POSTGRES Group, *The POSTGRES User Manual,* 1994. (*)

[PRI 89] Price, R., Golendziner, L., *Bancos de Dados para Aplicações Não Convencionais, IV Escola Brasileira de Informática,* janeiro de 1989.

[ROW 87] Rowe, L., Stonebraker, M., The POSTGRES Data Model, *Proceedings of the 13th International Conference on Very Large Data Bases,* pp. 83-96, setembro de 1987. (*)

[SAN 91] Santos, Paulo, Masiero, Paulo; Um Sistema de Navegação (Browser) para o SGBD DAMOKLES, *Anais do 6o. Simpósio Brasileiro de Bancos de Dados,* maio de 1991.

[SET 83] Setzer, V, Melo, Inês S. Homem, *A Construção de um Compilador,* Editora Campus, 1983. (*)

[SET 86] Setzer, V., *Bancos de Dados : Conceitos, Modelos, Gerenciadores, Projeto Lógico, Projeto Físico,* Editora Edgard Blücher, 3.ª edição, 1986. (*)

[SIL 91] Silberschatz, A., et al., Database Systems: Achievements and Opportunities, *Communications of the ACM,* 34(10):110-120, outubro de 1991.

[SIL 90] Silva, D., *Programação por Objetos: Conceitos, Linguagens e uma Experiência,* Dissertação de Mestrado, IME-USP, 1990. (*)

REFERÊNCIAS BILIOGRÁFICAS   119

[SKA 90] Skarra, A., Zdonik, S., Concurrency Control and Object-Oriented Databases, em [KIM 89], 1989.

[SMI 77] Smith, J.M. e Smith, D.C.P., Database Abstractions - Aggregations and Generalizations, *ACM Transactions on Database Systems,* 2:105-133.

[SOL 92] Soloviev, V., An Overview of Three Commercial Object-Oriented Database Management Systems: ONTOS, ObjectStore and O_2, *SIGMOD Record,* 21(1):93-104, março de 1992. (*)

[STO 76] Stonebraker, M., et al. The Design and Implementation of INGRES. *ACM Trans. Database Systems.* 1(3):189-222. Setembro de 1976.

[STO 90] Stonebraker, M., et al., The Implementation os POSTGRES, *IEEE Transactions on Knowledge and Data Enginnering,* 2(1):125:142, março de 1990. (*)

[STO 90a] Stonebraker M. et al., Third-Generation Database System Manifesto, *SIGMOD Record,* 19(3):31-44, setembro de 1990. (*)

[STO 91] Stonebraker, M., Kemnitz, G., The Postgres Next Generation Database Management System, *Communications of the ACM*, 34(10):78-92, outubro de 1991. (*)

[STR 86] Stroustrup, B., *The C++ Programming Language*, Addison-Wesley, 1986.

[RAM 97] Ramanathan, S., Hodges, J. Extraction of Object-Oriented Structures from Existing Relational Databases; *SIGMOD Record*, 26(1):59-64, março de 1997.

[TAK 90] Takahashi, T., Liesenberg, H., Xavier, D., *Programação Orientada a Objetos*, *VII Escola de Computação, São Paulo*, julho de 1990. (*)

[TRA 91] Traina Jr., C., GEO: Um Sistema de Gerenciamento de Bases de Dados Orientados a Objetos: Estado Atual de Desenvolvimento, *Anais de 6.º Simpósio Brasileiro de Bancos de Dados*, maio de 1991.

[ULL 88] Ullman, J., *Principles of Database and Knowledge-Base Systems*, vol. 1, Computer Science Press, 1988. (*)

[WAN 89] Wand, Y., A Proposal for a Formal Model of Objects, em [KIM 89], 1989.

[WEI 91] Weinreb, D., Feinberg, N., Gerson, D., Lamb, C., An Object-Oriented Database System to Support an Integrated Programming Environment, em [GUP 91], 1991. (*)

[WEI 90] Weiser, S., Lochovsky, F., OZ+: An Object-Oriented Database System, em [KIM 89], 1989. (*)

[WIL 94] Wilcox, J., Object Databases, *Dr. Dobb's Journal,* 222:26-34, novembro de 1994.

[ZAN 95] Zand, M., Collins, V., Caviness, D., A Survey of Current Object-Oriented Databases, *DATA BASE Advances*, 26(1):14-29, fevereiro de 1995. (*)

[ZDO 90] Zdonik, S., Maier, D., (ed.), *Readings in Object-Oriented Database Systems*, Morgan Kaufmann, 1990. (*)

[ZIM 91] Manual do Usuário do ZIM, tradução. RCM Informática. Sterling Software International, Inc.. Janeiro de 1991. (*)

12

Índice

A

Acoplamento tardio, 28
Agregações, 15,87
Álgebra Relacional, 6
APL, 5
Atributos, 11,76
Auto-relacionamentos, 14
AVANCE, 64

B

Bancos de Dados Orientados a Objetos
   definição, 35
BDOO distribuídos, 40

C

C++, 25, 29, 33, 35, 38, 44, 46, 47, 61, 63, 64, 69,
CACTIS, 57
CAD/CAM, 2,10,39
CASE, 57
Célula, 6
Chave, 6
Chave primária, 6
Chen, 1
Classe atributo, 82
Classe entidade, 83
Classes, 25,30
   paramétricas, 31
   genéricas, 31
Codd, 1
Coluna, 6
Construtores, 31
Compartilhamento, 32
Completeza computacional, 38
Comportamento, 25,31
Cópia profunda, 32
Cópia rasa, 32
Cursores, 39

D

Destrutores, 31
Domínio, 6

E

Encapsulamento, 29, 37 ,68
Entidades, 11, 77
E-Relação, 8
Especialização, 17
Esquema, 6
EXODUS, 35
Extensibilidade, 40

F

Flexibilidade, 25

G

GemStone, 51
Generalidade, 25
Generalização
   exclusiva, 18
   inclusiva, 18
   total, 17
Generalização, 17
GENESIS, 35
Geradores de Sistemas de Bancos de Dados, 35
Gerenciadores de Objetos, 35
Grau de uma relação, 6

H

Herança, 26
   múltipla, 27
   única, 27
Hierárquico, 1

índice

I

Identificador de Objeto, 32, 37, 40
IDS, 5
IMS, 5
INGRES, 52
Internet, 113
IRIS, 56
Interface, 29
ITASCA, 49

J

JASMINE, 61
Junções, 23

L

Late Binding, 28
Linguagem de consulta, 6, 38, 91
Linguagens de Programação de Bancos de Dados,
35, 38, 68,
LISP, 49

M

Mapeamento ER-OO, 75
Mensagens, 25, 29
Métodos, 25
Modelo de Dados, 1
Modelo de Entidades e Relacionamentos, 1, 11
Modelo de Redes, 5
Modelo formal, 68
Modelo Hierárquico, 5
Modelo Relacional, 1, 5
Modelo Relacional Não-Normalizado, 8
Modularização, 25

N

Não-casamento de impedâncias, 38

O

O_2, 43
OBJECTSTORE, 46
Objetos, 25, 31, 35, 75
    comportamento, 31
    estado interno, 31
    Persistência, 36
ODMG, 74
OPAL, 51
ORACLE, 39
Orientação a Objetos, 25
ORION, 40, 49
Overriding, 27
OZ+, 64

P

Papéis, 14
Persistência, 36, 70
Pilha, 29
Poet, 64, 69
Polimorfismo, 27
Postgres, 52
Primeira Forma Normal, 7, 37
Programação Orientada a Objetos, 2

Q

QBE, 6, 38
QUEL, 6,38

R

Redes, 1
Relação, 6
Relacionamentos, 12, 40, 67, 80
    exclusivo, 19, 84
    inclusivo, 19, 84
    multiplicidade, 12
    múltiplos, 15, 84
Regra, 55
Relacionamentos múltiplos, 15
Reutilização, 26
RM/T, 1, 7, 37

S

Seletor, 30
Semântica por identificador, 32
Semântica por valor, 32
SIM, 60
SIMULA, 25
Sinônimos, 21
Sistemas de Bancos de Dados Estendidos, 35
Smalltalk, 25, 27
Sobrecarga, 27
Sobrecarga de operadores, 27
SQL, 6, 23, 38, 39, 90
Subagregações, 90
Subentidades, 89
Subrelacionamentos, 90
Surrogate, 8, 37
SYBASE, 39

T

Transações, 39

V

Variáveis de instância, 25
Versões, 39

Z

ZIM, 11, 21, 96

tel.: 25226368

Impressão e acabamento: